VOCÊ E SEU MAPA ASTRAL

ASTROLOGIA PARA ENTENDER SEUS CICLOS, ESCOLHAS E EMOÇÕES

TÍTULO ORIGINAL *Tu carta astral y tú: Una guía práctica*

Latitude é o selo de aperfeiçoamento pessoal da VR Editora

GERENTE EDITORIAL Tamires von Atzingen
EDITORA Silvia Tocci Masini
EDITORA-ASSISTENTE Michelle Oshiro
PREPARAÇÃO Lígia Alves
REVISÃO Érika Tamashiro e Andresa Vidal
DESIGN DE CAPA Malu Francini
PROJETO GRÁFICO DE MIOLO E DIAGRAMAÇÃ Malu Francini
PRODUÇÃO GRÁFICA Alexandre Magno

Dados Internacionais de Catalogação na Publicação (CIP)
(Câmara Brasileira do Livro, SP, Brasil)

Saula, Roberto L.
Você e seu mapa astral: astrologia para entender seus ciclos, escolhas e emoções / Roberto L. Saula; tradução Cristiane Maruyama. – São Paulo: Latitude, 2025.

Título original: Tu carta astral y tú
ISBN 978-65-89275-80-0

1. Astrologia I. Título.

25-276481 CDD-133.5

Índices para catálogo sistemático:
1. Astrologia 133.5
Cibele Maria Dias – Bibliotecária – CRB-8/9427

VR Editora S.A.
Av. Paulista, 1337 – Conj. 11 | Bela Vista
CEP 01311-200 | São Paulo | SP
vreditoras.com.br | editoras@vreditoras.com.br

ROBERTO L. SAULA

VOCÊ E SEU MAPA ASTRAL

ASTROLOGIA PARA ENTENDER SEUS CICLOS, ESCOLHAS E EMOÇÕES

Tradução Cristiane Maruyama

LATITUDE°

SUMÁRIO

INTRODUÇÃO

A ASTROLOGIA E EU

ABRI MEU PRIMEIRO LIVRO DE ASTROLOGIA AOS ONZE ANOS. Era um volume grosso de capa vermelha que ficava no topo da estante no quarto da minha tia, na casa dos meus avós. Consultá-lo aos domingos, durante os almoços em família, tornou-se um hábito que se consolidou a partir dos doze anos, quando Saturno transitou pelo meu Nodo Norte na Casa III. Embora nesta introdução eu não vá abordar aspectos avançados como os nodos lunares, esse detalhe é significativo para entender minha relação com esse processo. Especialmente porque o Nodo Norte em um mapa natal representa um caminho de desenvolvimento marcado por uma forte influência evolutiva.

Com o passar dos anos, aquele livro enorme tornou-se o protagonista das nossas conversas após as refeições semanais. As descrições de personalidade que ele trazia não deixavam de me surpreender em sua precisão. O desejo de compreender meus colegas de escola, os familiares ou até mesmo de matar a curiosidade sobre personalidades famosas levava meu irmão e eu a consultarmos o livro com frequência. Foi nessa época que minha tia rebatizou *A linguagem secreta dos relacionamentos*, de Gary Goldschneider e Joost Elffers, de *El libro de Petete*, em homenagem a *El libro gordo de Petete* (uma enciclopédia para crianças famosa na Espanha dos anos 1970) e por causa das inúmeras respostas que ele nos oferecia.

Quando entrei na adolescência, já estava familiarizado com o vocabulário astrológico dos signos solares. Ao longo daqueles anos, tornei-me uma espécie de enciclopédia ambulante desse tema. Meus amigos ficavam impressionados com o fato de eu me lembrar de seus signos e os de seus parentes, e eu me surpreendia ao perceber que me lembrava mais facilmente dos signos do que dos nomes das pessoas — os signos me ofereciam mais informações do que os nomes em si.

Eu sempre brincava de adivinhar o signo de desconhecidos, e foi justamente a eficácia desse jogo que me levou a aprofundar meu conhecimento astrológico. Especialmente quando percebi que o que minha intuição captava não era a energia do signo solar, mas sim a do ascendente ou a do signo lunar.

Essa curiosidade costumava despertar o interesse dos meus colegas do ensino médio. Provavelmente muitos deles viam a astrologia como um passatempo de revista ou como uma superstição pouco comum entre garotos da minha idade.

— Você acredita em astrologia?

Eu tinha dificuldade em responder a essa pergunta; sempre achei que, mais do que uma questão de crença, tratava-se de uma conexão com uma linguagem que demonstrava ser confiável. Especialmente depois que comecei a valorizar as relações com as pessoas ao meu redor e os vínculos que elas estabeleciam entre si, tão coerentes com o que era astrológica e simbolicamente esperado delas.

Aos dezoito anos, comecei a explorar outros aspectos do mapa astral. Ao Sol, à Lua e ao Ascendente juntei Vênus, Marte e os demais planetas.

À medida que aprendia mais sobre eles, compreendia melhor a mim mesmo, mas, ao mesmo tempo, minha intuição, que antes funcionava apenas com o signo solar, parecia enfraquecer. Eu já não era capaz de determinar facilmente se a influência que eu percebia vinha do Sol, da Lua, do Ascendente, de Marte ou de Vênus. Assim, compreendi que, quanto mais se aprende sobre alguma coisa, mais consciente se fica de suas nuances e de sua complexidade.

Com vinte e poucos anos, comecei a explorar outros sistemas simbólicos, como o Eneagrama. Ainda assim, a astrologia me parecia o mais completo deles, embora implicasse aceitar que éramos, de certa forma, condicionados pelo momento do nascimento — algo que não é muito popular no Ocidente. Naquele período, decidi continuar investigando a astrologia. Os anos de 2011, 2012 e 2013 foram especialmente importantes.

Depois de enfrentar uma crise vocacional profunda, mergulhei no estudo astrológico para conhecer todas as perspectivas possíveis. Entrei em contato com astrólogos experientes que me ajudaram a ampliar meus horizontes e a entender que havia muitas maneiras de interpretar a astrologia. Nesse contexto, comecei a estudar a vertente preditiva, pois a ideia de compreender os ciclos presentes em minha vida sempre me fascinou.

O momento mais marcante daquele período aconteceu entre 2012 e 2013. Após uma série de frustrações profissionais e crises emocionais que não vêm ao caso (à medida que Saturno se aproximava para fazer conjunção com meu Nodo Sul em Escorpião na Casa IX, próximo ao meu Plutão natal), voltei a sentir uma necessidade imperiosa de explorar diferentes abordagens astrológicas para chegar ao cerne do símbolo e do arquétipo. Passava noites em claro estudando Ptolomeu, Morin de Villefranche, Liz Greene, Jung, Campbell, entre outros — qualquer coisa que pudesse me oferecer uma luzinha no caminho.

Em 2008, aos 22 anos, viajei para a Índia com alguns amigos e fiquei fascinado pelo país; foi assim que me interessei pela astrologia védica. Numa noite de insônia, decidi que precisava voltar ao subcontinente para conhecer melhor sua astrologia; desta vez, porém, iria sozinho e sem passagem de volta.

Pousei em Déli acompanhado de um amigo que resolvera se juntar a mim com a ideia de passarmos o fim de ano na cidade. Poucos dias depois, cada um iniciou sua jornada por conta própria. Após vários conflitos burocráticos para poder deixar a cidade com meu visto (segundo o centro de astrologia no qual eu estava matriculado, ele só era válido se eu permanecesse em Déli), decidi partir em busca de novas perspectivas.

Minha formação presencial durante a estadia começou com alunos da Faculdade de Varanasi, continuou com aulas em McLeod Ganj e, após várias andanças, me estabeleci em Bodh Gaya. Um dia, lendo livros de Jyotish enquanto comia Palak Paneer, um jovem de 22 anos se aproximou da minha mesa e falou sobre um projeto para crianças em situação de rua que tinha iniciado com alguns colegas de Calcutá. Naquele momento, não passava pela minha cabeça me desviar do caminho dos estudos. Planejava seguir para Dharamsala com o dinheiro contado para me manter por meio ano, mas é claro que poderia contribuir de alguma forma com o projeto dele.

Fui à cidade com a intenção de passar alguns dias e acabei ficando alguns meses. Entre todas as experiências que vivi, destaco uma: no dia 22 de fevereiro de 2013, data do meu aniversário, enquanto estudava uma comparação entre astrologia tropical e sideral, um desconhecido entrou no local gritando:

— Preciso de uma cerveja bem gelada, porque hoje é meu aniversário!

— Seu aniversário? Também é o meu! — exclamei, surpreso.

— Como você se chama?

— Roberto — respondi.

O homem ficou em silêncio, perplexo. Seu nome era Robert e, assim como eu, trabalhava no setor audiovisual. Ele tinha participado da criação do roteiro de um documentário filmado na Índia que estava disputando uma indicação ao Oscar. Brindamos, eu e meu xará canadense, acompanhados de alguns amigos perdidos e curiosos que, por um instante, tornaram-se representantes acidentais do mundo: Tai, Lucas, Benedicte, Chandan, Jinia, Razhia, Sattendar, Dev, Sveta... Ou meu amigo Takayoshi, que fazia aniversário em 22 de junho, e que eu reencontraria cinco anos depois, no dia do seu aniversário, durante uma visita a Barcelona.

Naquele 22 de fevereiro em Calcutá (com Saturno pisando sobre meu Plutão conjunto ao Nodo Sul na Casa IX), tive uma sensação com a qual poucas vezes me conectei: a certeza de estar exatamente onde eu deveria estar.

Após ficar por meio ano na Índia, o retorno a Barcelona não foi fácil. Embora a maioria das pessoas ao meu redor enxergasse com clareza que eu devia me dedicar à astrologia, uma parte minha sempre hesitava. Eu "deveria" construir um futuro alinhado com minha formação universitária, então passei anos com o coração dividido entre a vocação que me acompanhava havia tanto tempo e vocações alinhadas a trabalhos socialmente mais aceitos. Dessa forma, optei por iniciar a formação em terapia

Gestalt com o objetivo de legitimar um saber que já continha o que eu buscava. Permaneci nela por pouco mais de dois anos e explorei a visão do Eneagrama segundo Claudio Naranjo e as constelações familiares.

Paralelamente, cursei dois mestrados universitários e comecei a trabalhar como professor de audiovisual em um instituto de imagem e som. Também lancei o site e o canal no YouTube de Astrocultura e, mais tarde, cheguei ao Instagram. Urano estava em conjunção com meu Nodo Norte e, mais uma vez, percebi aquela sensação: estou onde devo estar.

Assim como Saturno em conjunção com meu Nodo Norte me levou a ler meu primeiro livro de astrologia, e Saturno com meu Nodo Sul a desenterrar astrologia antiga na Índia, foi Urano passando em meu Nodo Norte que me levou a aceitar que eu também era o precursor da Astrocultura.

SOBRE ESTE LIVRO

Este trabalho busca equilibrar a simplicidade necessária a toda introdução com a profundidade exigida por uma análise mais cuidadosa. Para isso, baseia-se tanto na experiência profissional do autor quanto na síntese das fontes mais relevantes da astrologia humanista. Além disso, inclui os títulos de uma ampla bibliografia consultada e recomendada para quem quiser se aprofundar ainda mais no tema.

Entre as diversas vertentes da astrologia, este livro foca a astrologia natal: aquela voltada à compreensão de si por meio da análise do mapa astral individual. Dentro das distintas abordagens possíveis, adota-se aqui exclusivamente a perspectiva humanista, uma forma contemporânea de interpretação, com caráter evolutivo e centrada na psique, que também dialoga com a tradição védica.

Como um compêndio, este manual introdutório tem a intenção de auxiliar na interpretação do próprio mapa natal, partindo de um conhecimento nulo sobre o assunto. Nele estão reunidos os elementos básicos que devem ser considerados na análise de qualquer mapa. Naturalmente, sintetizar tantas variáveis em poucas páginas implica fazer uma abordagem introdutória com espaço limitado, o que exige certas escolhas. É comum, por exemplo, tentar interpretar a posição de Lilith antes mesmo de compreender as implicações de Saturno. Por isso, o livro se concentra apenas nos elementos tradicionalmente essenciais para uma leitura astrológica inicial. De forma alguma temos aqui todos os matizes e formas de manifestação possíveis, mas sim uma síntese que permite dar os primeiros passos nessa jornada.

A interpretação astrológica parte de cinco fatores fundamentais, em torno dos quais se organiza o conteúdo das páginas seguintes — começando do mais geral e avançando em direção ao mais específico. Assim, iniciamos o percurso pelos quatro elementos, seguimos com os signos, depois introduzimos os planetas, em seguida as casas, e, por fim, os aspectos.

CAPÍTULO 1

DEZ PERGUNTAS PRELIMINARES SOBRE ASTROLOGIA

É CURIOSO O QUANTO SE FALA SOBRE O PODER DA ASTROLOGIA. Por isso, antes de nos aprofundarmos na análise dos pontos-chave do mapa astral, considero importante esclarecer as dez dúvidas mais comuns que giram em torno dessa prática.

– 1 –

Você realmente acredita que um astro tão distante pode afetar a vida na Terra? Isso não é científico!

Essas afirmações começaram a surgir com a ascensão do racionalismo derivado do Iluminismo. Foi nesse momento que a visão científica se impôs, e é sob essa perspectiva que seguimos, especialmente em sociedades mais afastadas das visões simbólicas. Hoje, a astrologia não pode ser explicada pela ciência porque esta (ainda) não conseguiu fazê-lo, e não sabemos se algum dia conseguirá. A ciência atual é a única forma válida de abordar a realidade? Uma visão que, levada ao extremo, reduz o ser humano a elementos químicos deve ser a única perspectiva considerada?

No passado, a astrologia foi perseguida pela Igreja, quando era vista como uma ameaça à ideia de Deus. Depois que o paradigma mudou para o científico, a perseguição continuou, dessa vez, por meio da invalidação de uma visão diferente da realidade, incompatível com o paradigma dominante, e, mais tarde, pela sua redução ao horóscopo das revistas. A explicação do mundo oferecida por essa disciplina milenar simplesmente não se encaixava nos novos padrões estabelecidos pelo pensamento dominante. Por isso, a astronomia foi separada da astrologia (anteriormente eram a mesma coisa), e apenas a astronomia foi aceita como estudo oficial. Assim, o ser humano se desconectou cada vez mais da natureza, afastando-se de qualquer perspectiva anterior ao domínio científico. Richard Tarnas aborda amplamente esse tema em seu excelente livro *Cosmos y psique* (sem tradução em português).

O estudo da influência dos astros é anterior a qualquer ciência e pode ser considerado mais um idioma do que uma questão de fé. Não se trata tanto de acreditar, mas de conhecer ou não a sua forma de expressão e se conectar com ela.

– 2 –
Mas o Sol atualmente está em outros signos. As datas não deveriam ser alteradas?

Quando, hoje, dizemos que o Sol está em Áries, é provável que ele esteja na constelação de Peixes, pois houve um deslocamento ao longo dos anos. Isso é um fato na astronomia. No entanto, a astrologia ocidental atual não constrói o circuito zodiacal com base nas posições astronômicas das constelações tradicionais, mas sim por meio das estações.

Iniciamos Áries com o começo da primavera no hemisfério Norte. Quando o Sol entra na primavera, ele começa seu trajeto pelo primeiro signo; chamamos de Áries os primeiros 30 graus da primavera, de Touro os segundos 30 graus, e assim por diante. Da mesma forma, o ciclo se encerra no fim de Peixes, quando termina o inverno no hemisfério Norte. A sequência anual é composta por doze forças arquetípicas associadas às doze constelações que integram essa linguagem simbólica.

Nossa astrologia, chamada de astrologia tropical, é, portanto, estacional, diferente da astrologia sideral, praticada na Índia, por exemplo, que se baseia nas constelações.

– 3 –
Como a astrologia pode ser geocêntrica se sabemos que a realidade é heliocêntrica?

A perspectiva astrológica permanece geocêntrica porque a astrologia estuda a influência dos corpos celestes sobre a Terra. Isso nos permite manter nosso foco aqui para observar o que nos influencia a partir de lá. A astrologia não afirma que o Sol gira ao redor da Terra, como é lógico, mas estabelece sua observação na Terra para analisar o que a rodeia. É uma questão de perspectiva.

– 4 –
Como irmãos gêmeos podem ter o mesmo mapa astral e serem tão diferentes?

Na maioria das vezes, os mapas de gêmeos apresentam diferenças temporais. Ainda que não haja nenhuma diferença, cada um tende a expressar uma parte das energias presentes no mapa.

Não se trata tanto do que alguém "é ou não é", mas de compreender que existem muitas energias interagindo em um mesmo mapa, permitindo a adoção de facetas diversas dentro de um mesmo contexto. Por isso é importante conhecer o próprio mapa natal.

– 5 –
E o que acontece no hemisfério Sul? Quando o Sol está em Capricórnio, é verão na Argentina.

Do ponto de vista simbólico, o conceito é amplamente compreendido pela ideia de projeção: tudo tem seu oposto e se complementa. Durante o período de Capricórnio, aqui na Europa celebramos as férias de inverno, enquanto na Argentina é verão. Celebramos o Natal com a família, e, na época de Capricórnio, Câncer também está presente de modo significativo.

Qualquer manifestação energética tem o lado oposto e complementar em sua polaridade.

– 6 –
Não é determinista demais avaliar a vida de alguém com base no dia em que nasceu?

Na perspectiva evolutiva da astrologia humanista, não há determinismo. Trata-se de analisar energias potenciais, luzes e sombras, que podem se manifestar de várias formas, permitindo ao indivíduo conhecer a si e compreender o ciclo que está vivendo.

– 7 –
A astrologia serve para adivinhar o futuro?

A astrologia preditiva tradicional se concentra no estudo de eventos futuros, enquanto a perspectiva humanista observa ciclos energéticos, valorizando o presente, o passado e o desenvolvimento futuro. Nessa visão, não se trata de adivinhar, já que a realidade se manifesta de inúmeras maneiras, sempre considerando o livre-arbítrio, mas de compreender os ciclos vivenciados.

– 8 –
Quer dizer que a astrologia é uma ciência?

Como mencionei anteriormente, a astrologia não é uma ciência porque a ciência ainda não conseguiu explicá-la. Se bem que não acredito que ela precise disso; é algo muito anterior à ciência, que permite explorar realidades profundas acessíveis apenas por meio de símbolos e arquétipos.

A astrologia é uma hermenêutica, um modo de interpretação que possibilita a compreensão de si, da realidade ao redor e dos ciclos vividos.

– 9 –
O que é um mapa natal?

Um mapa natal (ou mapa astral) é uma "fotografia simbólica" do céu no momento em que um indivíduo nasce. Ele apresenta a posição real dos planetas naquele instante, o que é necessário para interpretar a personalidade e o desenvolvimento da vida do nativo.

– 10 –
Como faço para obter meu mapa astral?

Fazer o mapa astral hoje em dia não tem nenhum mistério; o difícil é interpretá-lo. Atualmente, ele pode ser obtido de forma automática em muitos sites. A seguir, compartilho dois deles:

- ★ www.astro.com
- ★ www.carta-natal.es

Buscar por "Mapa astral online" ou expressões similares permite acessar, nos sites indicados, uma área onde você poderá inserir seus dados de nascimento e gerar o gráfico do seu mapa. Serão solicitados o horário, a data e o local de nascimento. Seria interessante você ter o seu mapa para poder consultá-lo à medida que avançar na leitura deste livro.

CAPÍTULO 2

OS QUATRO ELEMENTOS

PARA COMPREENDER A ASTROLOGIA E INTERPRETAR QUALQUER MAPA NATAL, é essencial conhecer as diferenças entre os quatro elementos.

Fogo, terra, ar e água configuram as formas básicas de manifestação energética, traduzindo-se em quatro maneiras de expressão da própria realidade. Enquanto o fogo e o ar manifestam um princípio ativo e expansivo, associado à polaridade positiva e à natureza masculina (yang), a terra e a água encarnam um princípio passivo e receptivo, de polaridade negativa e vinculado à natureza feminina (yin).

Nesse sentido, fogo e ar falam uma linguagem próxima entre si, assim como terra e água. Além disso, o fogo e a água representam um princípio subjetivo, que necessita encontrar um espaço de expressão individual; já a terra e o ar estão ligados a uma natureza objetiva, voltada à adaptação ao ambiente. Tradicionalmente, fogo e água eram conhecidos como elementos primários, enquanto terra e ar eram considerados secundários.

Há três signos por elemento, formando quatro triplicidades:

- **Fogo** (Áries, Leão e Sagitário)
- **Terra** (Touro, Virgem e Capricórnio)
- **Ar** (Gêmeos, Libra e Aquário)
- **Água** (Câncer, Escorpião e Peixes)

△

FOGO

- **Signos associados:** Áries, Leão e Sagitário
- **Casas associadas:** I, V e IX
- **Princípio:** Yang
- **Palavras-chave:** Autoexpressão, entusiasmo, paixão, espontaneidade, motivação; impaciência, impulsividade, combatividade, egocentrismo, autocomplacência

Assim como na natureza, o elemento fogo tende a se expandir para cima e a conquistar aquilo que ainda não alcançou.

A vida se manifesta por meio desse elemento, reivindicando seu direito de se expressar: "Eu me expresso porque existo". Calor, espontaneidade e otimismo representam um forte impulso vital. A necessidade de expressão e a confiança em si mesmo levam o fogo a exigir um espaço de liberdade para manifestar o princípio expansivo da vida.

- **Riscos do excesso do elemento fogo:** O excesso de fogo manifesta um entusiasmo inicial que pode se dissipar antes de os projetos serem concluídos.

  Impaciência, explosões de raiva, atração por conflitos, egocentrismo e falta de autocontrole são características tensas que podem levar a um esgotamento rápido devido à falta de reflexão.

- **Riscos da falta do elemento fogo:** A carência de fogo está ligada à falta de entusiasmo, o que pode resultar em baixa vitalidade, passividade, pessimismo e dificuldade de confiar na vida e em si.

- **Trabalhar o elemento fogo:** Recomenda-se praticar esportes e atividades que liberem energia de modo criativo e expressivo.

- **Fogo com fogo:** O fogo reconhece um igual com quem pode fraternizar, mas também um rival. Haverá admiração recíproca e, ao mesmo tempo, competição pelo espaço de expressão individual.

- **Fogo com ar:** Em harmonia, o fogo recebe estímulos intelectuais do ar, que alimentam sua expansão.

  Em desequilíbrio, o diálogo entre esses dois elementos yang dura até que o fogo se canse da falta de ação do ar.

- **Fogo com terra:** Em harmonia, o fogo percebe na terra a estrutura de que precisa para concretizar suas ideias. Em desequilíbrio, sente sua espontaneidade limitada e sua capacidade de expressão obscurecida pela rigidez da terra.

- **Fogo com água:** Em harmonia, o fogo sente que a água lhe traz equilíbrio emocional por meio da compreensão. Em desequilíbrio, o fogo teme que as complexidades emocionais da água suprimam sua liberdade, expressão e foco.

🜃 TERRA

- **Signos associados:** Touro, Virgem e Capricórnio
- **Casas associadas:** II, VI e X
- **Princípio:** Yin
- **Palavras-chave:** Segurança, estrutura, produtividade, senso prático, resistência; conservadorismo, inflexibilidade, lentidão, retração, rotina

---

O elemento terra está voltado para a preservação e a gestão do que já existe. Sua energia prioriza consolidar e fazer prosperar o que possui em detrimento de se arriscar no desconhecido.

Fortemente vinculado aos sentidos, prefere o que percebe por meio deles e persiste em seus esforços até alcançar uma meta realista que garanta sua sobrevivência. Por isso, tem maior tendência ao impulso prático, que lhe permite satisfazer sua necessidade de moldar formas tangíveis e duradouras.

Cauteloso, tranquilo, firme e de natureza confiável, o elemento terra defenderá seu lugar com determinação quando sua própria estabilidade for ameaçada.

★ **Riscos do excesso do elemento terra:** A ênfase na terra frequentemente manifesta incapacidade de se adaptar às mudanças e dificuldade para improvisar. "Acreditar no que consigo perceber por meio dos sentidos" também pode gerar estreiteza de visão, dificuldade para operar no abstrato e desinteresse por tudo o que não for considerado prático.

★ **Riscos da falta do elemento terra:** A carência de terra dificulta a concretização de objetivos tangíveis e favorece a dificuldade em lidar com a dimensão prática da vida. Está associada à desconexão corporal e aos obstáculos para integrar a disciplina e a ordem necessárias às rotinas.

★ **Trabalhar o elemento terra:** Criar hábitos e rotinas alinhados a um cronograma que facilite a organização das tarefas diárias.

★ **Terra com terra:** A terra percebe em seu semelhante alguém com quem pode firmar bases sólidas, mas também sente a falta de variedade. Haverá um compromisso mútuo para que o que foi plantado germine, mas também resistência para sair da zona de conforto.

★ **Terra com ar:** Em harmonia, a terra pode se sentir fascinada pela capacidade inventiva do ar, por sua facilidade com as palavras e suas habilidades sociais. No aspecto desarmônico, desconfia da falta de concretização de ideias que, na prática, podem carecer de compromisso e viabilidade.

- **Terra com água:** Em harmonia, a terra perceberá no outro elemento yin a companhia ideal para que o que foi semeado germine. Em desarmonia, verá na água flutuações de intensidade emocional excessiva, com mudanças muito distantes do pragmatismo com o qual procura operar.

- **Terra com fogo:** No aspecto harmônico, o elemento terra valorizará a iniciativa do fogo, enxergando nele o impulso necessário para abrir caminhos inexplorados.

  No aspecto desarmônico, perceberá uma energia descontrolada, capaz de reduzir a cinzas, por imprudência, aquilo que construiu.

🜁

AR

- **Signos associados:** Gêmeos, Libra e Aquário
- **Casas associadas:** III, VII e XI
- **Princípio:** Yang
- **Palavras-chave:** Objetividade, comunicação, intelecto, sociabilidade, equilíbrio; desapego, instabilidade, ansiedade, dispersão, desconexão emocional

O ar atua no campo da razão. As ideias e os relacionamentos que se estabelecem por meio da compreensão da realidade são o domínio de um elemento que prioriza a busca pela interconexão e por aproximar-se da objetividade.

Não está tão interessado em encontrar uma verdade única, mas sim em conhecer as verdades de cada um para poder confrontá-las. O intercâmbio de perspectivas é visto como um fator que enriquece a visão do todo e permite transcender o critério subjetivo.

Associar, interrelacionar e criar conceitos são qualidades desse elemento, que reconhece que a objetividade nasce com a compreensão da subjetividade.

- ★ **Riscos do excesso do elemento ar:** O excesso de ar gera dispersão devido ao volume de estímulos intelectuais que precisam ser processados ou compartilhados. Nesse contexto, é comum mudar de foco constantemente, evitar compromissos e priorizar os outros em detrimento de si.

- ★ **Riscos da falta do elemento ar:** A falta desse elemento se manifesta como dificuldade para se conectar com experiências que não sejam vividas pessoalmente. Nesse caso, importa muito mais o que se sente e experimenta diretamente do que o raciocínio abstrato desconectado da vivência pessoal. Isso pode causar certo isolamento social e dúvidas sobre a própria capacidade intelectual ou comunicativa.

- ★ **Trabalhar o elemento ar:** A comunicação assertiva é fundamental para equilibrar este elemento. Escrever e refletir sobre a própria objetividade em relação ao ambiente pode ser útil.

- ★ **Ar com ar:** A interação entre duas pessoas com ênfase no elemento ar ocorre por meio de trocas dinâmicas de estímulos intelectuais, relacionais e sociais. Contudo, é necessário lidar com a falta de compromisso e profundidade em um vínculo que pode permanecer superficial e impessoal.

- ★ **Ar com fogo:** Em harmonia, o ar percebe no fogo o ímpeto necessário para viver e evitar análises excessivas. Em desarmonia, o diálogo entre esses dois elementos yang pode levar o ar a sentir-se pressionado a decidir, sobrecarregado pela explosiva subjetividade do fogo.

* **Ar com terra:** Em harmonia, o ar encontra na terra o senso prático necessário para concretizar suas ideias em algo tangível. Em desarmonia, a estrutura rígida da terra pode ser percebida como uma limitação à sensação de liberdade do ar.

* **Ar com água:** No aspecto harmônico, o ar encontra na água uma conexão emocional que o ajuda a compreender um mundo mais íntimo e subjetivo. No aspecto desarmônico, a profundidade emocional da água pode sufocar o impulso de liberdade do ar, gerando tensões entre sua visão impessoal e a subjetividade do elemento água.

▽

ÁGUA

---

* **Signos associados:** Câncer, Escorpião e Peixes
* **Casas associadas:** IV, VIII e XII
* **Princípio:** Yin
* **Palavras-chave:** Sensibilidade, empatia, emoções, profundidade, sutileza; autoindulgência, hipersensibilidade, passividade, apego, devaneio, oscilação emocional

---

A água flui no campo das emoções, conectando de forma sutil as realidades intangíveis. Sentimentos e vivências internas conduzem a uma dimensão profunda, onde habita o inconsciente.

Sem forma ou limites próprios, a água adapta-se às circunstâncias e molda-se de acordo com elas. Sua maleabilidade permite acessar o mundo interior dos outros, conferindo a capacidade de ter empatia e possibilitando enxergar além das aparências.

A água dissolve fronteiras e nos lembra que fazemos parte de um todo.

★ **Riscos do excesso do elemento água:** O excesso de água tende a manifestar-se em uma emocionalidade difícil de gerenciar. Oscilações no humor, reações exageradas a estímulos leves e dificuldade para agir com objetividade são comuns. Relações de codependência e insegurança interna também podem prejudicar os vínculos.

★ **Riscos da falta do elemento água:** A ausência de água dificulta a conexão com as próprias emoções e as dos outros, resultando em desconexão emocional. Há dificuldade em identificar sentimentos e em perceber sutilezas que vão além do óbvio.

★ **Trabalhar o elemento água:** Manter-se bem hidratado e desenvolver atividades criativas, compartilhadas ou terapêuticas que promovam o contato com a dimensão emocional é recomendado.

★ **Água com água:** A interação entre dois elementos água ocorre por meio de uma conexão emocional profunda, dispensando manifestações óbvias para que um acesse o interior do outro. O maior desafio será lidar com o mundo prático e as responsabilidades cotidianas.

★ **Água com fogo:** Em harmonia, a água encontra no fogo a energia necessária para expressar-se e conectar-se com a vitalidade. Em desarmonia, teme ser ferida ou abandonada pelo fogo, que percebe como brusco e autocentrado.

★ **Água com ar:** Em harmonia, a água percebe no ar uma oportunidade para ampliar sua compreensão além do mundo íntimo. Em desarmonia, esse elemento sente-se desconectado emocionalmente e ameaçado pela falta de intimidade e proteção necessárias ao seu conforto.

★ **Água com terra:** No aspecto desarmônico, o senso prático do elemento terra pode ser visto como um obstáculo para que a água se sinta compreendida em sua profundidade. Contudo, no aspecto harmônico, a água encontra na terra a base de sustentação necessária para revelar sua intimidade em um espaço seguro.

CAPÍTULO 3

O ZODÍACO

A RODA DOS ANIMAIS

DO GREGO *ZOODIAKOS* (RODA DOS ANIMAIS) vem o nome do que hoje conhecemos como zodíaco.

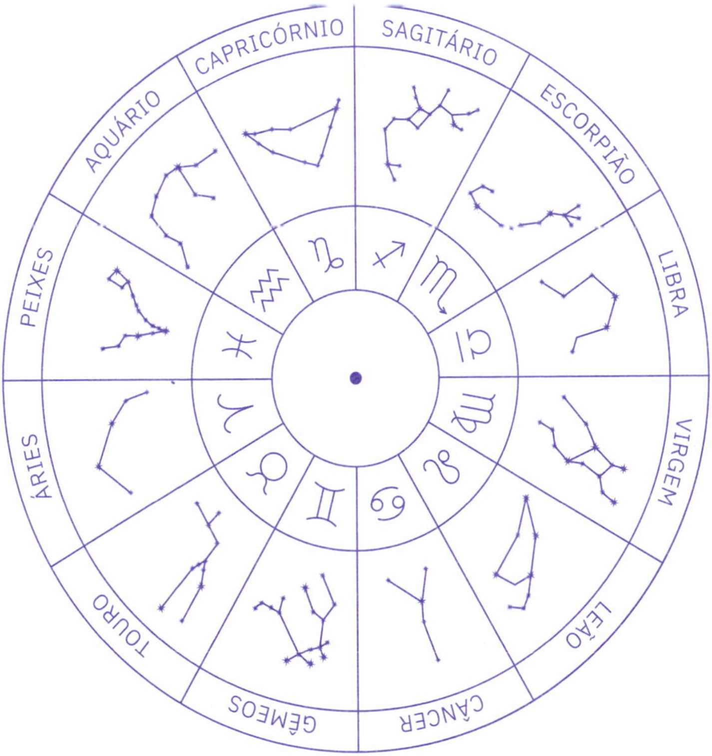

Astronomicamente, trata-se de uma faixa que circunda a esfera celeste. Ela está dividida em doze porções de 30 graus, e cada uma recebeu o nome e as características de uma constelação. Assim nasceram os signos do zodíaco.

Como mencionado nas perguntas respondidas no início do livro, os signos zodiacais na astrologia ocidental atualmente cobrem áreas diferentes das constelações homônimas porque, no Ocidente, a astrologia marca o início do zodíaco com a entrada da primavera no hemisfério Norte. Portanto, embora sejam mantidos os nomes e arquétipos milenares das constelações, sua divisão não é baseada nelas, mas nas estações e no percurso do Sol por essas divisões; o zodíaco começa com o início da primavera no hemisfério Norte e termina com o fim do inverno, após percorrer os doze signos e os 360 graus da roda.

QUALIDADES OU QUADRUPLICIDADES DOS SIGNOS

Cada estação do ano é formada por três signos: o que inicia a estação (signo cardinal), o que a estabiliza (signo fixo) e o que a finaliza (signo mutável). Assim, existem três qualidades: a cardinal, a fixa e a mutável.

QUALIDADE CARDINAL

- **Signos associados:** Áries, Câncer, Libra e Capricórnio
- **Casas associadas:** I, IV, VII e X
- **Palavras-chave:** iniciativa, liderança; impetuosidade, dominância

A qualidade cardinal marca o início das estações do ano. Por isso, esse princípio manifesta o impulso focado na ação. A quadruplicidade cardinal molda a afinidade com a liderança e está associada à vontade de colocar a energia em movimento.

★ **Ênfase na qualidade cardinal:** a vontade de empreender confere aptidão para liderar, mas pode gerar dificuldade em ocupar posições subordinadas. Ativar o movimento energético faz parte de uma natureza que tem mais dificuldade em conservar ou se adaptar.

★ **Escassez de qualidade cardinal:** iniciativa e liderança não são interesses principais, havendo mais conforto em participar do que já foi iniciado.

QUALIDADE FIXA

★ **Signos associados:** Touro, Leão, Escorpião e Aquário
★ **Casas associadas:** II, V, VIII e XI
★ **Palavras-chave:** estrutura, constância; fixação, estaticismo

---

A qualidade fixa está no meio das estações do ano, manifestando o desejo de conservar. Essa quadruplicidade demonstra interesse em estabilizar, mas encontra dificuldade em assumir riscos ou se adaptar a mudanças.

★ **Ênfase na qualidade fixa:** o desejo de conservar confere a capacidade de gerar estrutura, e ao mesmo tempo dificuldade em assumir riscos e ser flexível em situações de mudança. A permanência é uma característica que dificulta aventurar-se no desconhecido.

★ **Escassez de qualidade fixa:** perseverança e estabilidade não são prioridades, havendo mais interesse em explorar o novo e lidar com mudanças.

QUALIDADE MUTÁVEL

- **Signos associados:** Gêmeos, Virgem, Sagitário e Peixes
- **Casas associadas:** III, VI, IX e XII
- **Palavras-chave:** versatilidade, adaptabilidade; volubilidade

A qualidade mutável conecta o final de uma estação do ano ao início da próxima, apresentando um caráter dual: habilidade para se adaptar e capacidade de interconectar.

Essa quadruplicidade se sente à vontade na exploração e na variedade, mas tem dificuldade com categorias absolutas e rotinas.

- **Ênfase na qualidade mutável:** a adaptabilidade confere habilidade para realizar várias tarefas e cooperar, mas pode gerar tendência à instabilidade. A versatilidade faz parte de uma natureza que tem dificuldade em aceitar limites ou focar em um único objetivo.

- **Escassez de qualidade mutável:** há mais conforto em priorizar perspectivas definidas, com menor habilidade para aceitar mudanças ou lidar com dualidades.

RELAÇÕES ENTRE ELEMENTOS E QUALIDADES

Os elementos e as qualidades interagem, permitindo definir os tipos de relação entre os signos. Essas interações serão analisadas mais detalhadamente nos aspectos do mapa astral; por enquanto, vamos nos deter nas sinergias entre os signos.

O SEMISSEXTIL 30°

A relação de semissextil é aquela que ocorre entre um signo e o signo adjacente. Assim, Áries manterá uma relação de semissextil com Touro, pois estão a 30 graus um do outro. Trata-se de um aspecto menor que, dentro de uma abordagem humanista da astrologia, representa certo desconforto de natureza evolutiva, já que envolve signos de características distintas, como veremos adiante.

O SEXTIL 60°

Os elementos de polaridade positiva ou yang (fogo e ar) se relacionam entre si com a mesma fluidez que ocorre na polaridade negativa ou yin (terra e água). Essa interação entre elementos da mesma polaridade é chamada de sextil.

O sextil é um aspecto harmônico que ocorre entre signos separados por 60 graus. Por exemplo, Aquário tem um diálogo em sextil com Áries, assim como Capricórnio com Peixes.

A QUADRATURA 90°

Os signos de uma mesma qualidade estabelecem diálogos tensos entre si. Por exemplo, os signos mutáveis têm tensões entre si, assim como os fixos e os cardinais.

△

O TRÍGONO 120°

As triplicidades compartilham o mesmo elemento, de modo que os signos de uma mesma triplicidade "falam" entre si em um mesmo idioma, o que lhes confere uma relação harmônica.

Consideremos, por exemplo, que o signo de fogo Áries tem uma relação de trígono com Sagitário, assim como Câncer tem uma relação de trígono com Escorpião; os primeiros dialogam de maneira harmônica sob o elemento fogo, enquanto os segundos fazem o mesmo sob o elemento água.

⚻

O QUINCÚNCIO 150°

Essa relação ocorre entre signos separados por 150 graus, que não compartilham características em comum. Por isso, é associada à falta de entendimento. Ela ocorre entre os signos adjacentes ao oposto. Por exemplo, se o oposto de Gêmeos é Sagitário, Gêmeos tem uma relação de quincúncio com Escorpião e Capricórnio.

☍

A OPOSIÇÃO (180°)

Cada signo tem seu oposto, aquele que está diretamente em frente na roda zodiacal, formando um diálogo no outro extremo de um mesmo eixo. Eles compartilham qualidade e polaridade, criando tensão, mas também complementaridade.

OS DOZE SIGNOS

ÁRIES: O CARNEIRO

---

* **21 de março a 19 de abril (dependendo do ano e da hora)**
* **Elemento:** Fogo
* **Polaridade:** Yang
* **Qualidade:** Cardinal
* **Regente:** Marte
* **Corpo:** Cabeça e rosto
* **Casa associada:** Casa I
* **Palavras-chave:** Impulso, autoafirmação, iniciativa; impaciência, imprudência, egoísmo

---

Um signo de fogo

Áries é o primeiro signo do zodíaco e o primeiro dos três que compõem o elemento fogo.

Como vimos anteriormente, por estar no início da estação, definimos Áries como um signo de qualidade (ou modalidade) cardinal. Assim, estamos diante da manifestação mais evidente de uma energia yang, muito fácil de entender se nos basearmos no percurso do Sol ao longo do dia: Áries representaria a energia desse Sol que surge ao amanhecer, marcando o início de um novo dia.

♈

O símbolo e o mito

O glifo de Áries remete ao rosto de um carneiro olhando de frente. O animal que representa este signo é um carneiro adulto e viril, que transborda energia manifestada por meio da ação direta de um impulso, e que parece ser forçado a agir.

Embora seja incerta a origem da ligação entre o animal e o signo, encontramos associações que remetem ao carneiro já no Antigo Egito, onde ele era vinculado aos deuses Khnum e Amon. O Marte para os romanos, o Ares grego e seu filho Íxion também protagonizam episódios mitológicos associados a Áries.

O trabalho de Hércules (ou Héracles) relacionado ao signo é a captura das éguas de Diomedes. O herói deve realizar essa tarefa sozinho, após a morte de seu companheiro Abderis. As éguas ferozes só se acalmarão depois de devorar Diomedes. Em grande parte, a natureza de Áries está relacionada ao trabalho individual em direção ao próprio instinto.

A aventura de Jasão e os argonautas em busca do velocino de ouro é outro dos episódios mitológicos associados ao signo, começando pelo próprio objeto da busca, que pertence ao carneiro alado Crisómalo.

Poderíamos acrescentar outras personalidades, como as amazonas ou Atalanta, entre uma extensa lista de referências que se perdem na história de diversas civilizações.

O calendário

O primeiro signo do zodíaco está vinculado ao início da primavera no hemisfério Norte e do outono no hemisfério Sul. O Sol inicia seu percurso por Áries com o equinócio de primavera no hemisfério Norte. O nascimento de um novo ciclo dá lugar a um arquétipo historicamente enquadrado no princípio energético manifestado quando a vida abre caminho após o inverno.

Este signo ocupa os primeiros 30 graus da roda zodiacal e representa o ponto de partida do ciclo em si, a chama vital que dá origem ao nascimento de um "eu" que deseja conquistar seu espaço no mundo. É por isso que essa energia está associada ao impulso autoafirmativo que busca a expressão individual.

Arquétipo e personalidade

O carneiro encarna um princípio ativo no qual a expressão da individualidade é priorizada, definida pelo lugar que ocupa na roda zodiacal. O agir de Áries se traduz sendo o primeiro. Sua natureza pioneira está relacionada a princípios de liderança, iniciativa ou coragem.

Se estabelecermos um paralelo entre os signos e as etapas da vida, Áries estaria vinculado ao nascimento, o momento de abandonar o corpo materno e começar a construir a própria identidade.

Forças

Impetuoso e enérgico, o carneiro enfrenta os desafios da vida com determinação. A iniciativa é direcionada à superação dos obstáculos que permitem alcançar as metas desejadas. O carneiro não gosta de parar, prefere avançar para a conquista de novos horizontes.

A honestidade, a franqueza e o entusiasmo caracterizam o lado luminoso de um signo que encontra nos desafios o combustível necessário para expressar sua vitalidade.

Fraquezas

A impaciência tende a causar o abandono prematuro de projetos iniciados.

O egoísmo pode trazer à tona o aspecto menos evoluído de um impulso orientado com veemência para a satisfação do próprio desejo.

A impulsividade, a competitividade e a imprudência geram ocasionalmente conflitos decorrentes da falta de reflexão sobre os próprios atos.

Áries no mapa natal

Todos expressamos Áries em algum lugar do nosso mapa. O âmbito em que ele se manifesta define um espaço onde focalizamos nossa energia de maneira impetuosa, um lugar que queremos conquistar e no qual concentramos nosso interesse para alcançá-lo.

Uma esfera da vida na qual, em última análise, desejamos ter capacidade de decisão, assumir o controle e expressar, de um modo ou outro, nosso valor pessoal.

TOURO: O TOURO

- **20 de abril a 20 de maio (dependendo do ano e da hora)**
- **Elemento:** Terra
- **Polaridade:** Yin
- **Qualidade:** Fixa
- **Regente:** Vênus
- **Corpo:** Pescoço e garganta
- **Casa associada:** Casa II
- **Palavras-chave:** Consistência, fecundidade, sensualidade; estaticidade, teimosia, comodismo

Um signo de terra

Touro é o segundo signo do zodíaco e o primeiro dos três que compõem o elemento terra. Situado no centro da primavera (no hemisfério Norte), é classificado como um signo de qualidade fixa.

Touro manifesta uma energia yin associada à fertilidade e à nutrição, indispensáveis para o florescimento da vida. Se Áries inicia,

Touro preserva aquilo que foi iniciado, permitindo o desenvolvimento e crescimento.

♉

O símbolo e o mito

O glifo de Touro remete ao rosto de um touro visto de frente. Há associações com o touro desde o Antigo Egito. O boi Ápis, por exemplo, é uma das referências mais evidentes. Como deus da fertilidade e também dos ritos fúnebres, ele simboliza a polaridade entre Touro e Escorpião, o signo oposto na roda zodiacal. A deusa fenícia e cananeia Astarte, associada ao planeta Vênus, é outra figura mitológica vinculada a Touro.

A Afrodite grega (Vênus romana), deusa da beleza, da sensualidade e do amor erótico, é a figura da mitologia clássica mais próxima à natureza deste signo. Não por acaso, o planeta que o rege é Vênus, que, embora também tenha sido associado ao amor romântico, quando se trata de Touro devemos ter considerada sua dimensão mais sensual, sensorial e terrena. Nada a ver com idealizações românticas intangíveis.

O trabalho que leva Héracles a capturar o Touro de Creta é o que mais se relaciona com Touro. O touro havia nascido do mar por obra de Poseidon, e o herói deveria trazê-lo da ilha do rei Minos. O trabalho só se concretiza quando conseguem chegar à terra firme.

A luta de Teseu contra o Minotauro no labirinto de Ariadne também é um mito intimamente ligado ao universo taurino.

O calendário

O segundo signo do zodíaco está associado à consolidação da primavera no hemisfério Norte e do outono no hemisfério Sul. Com a estabilização da primavera, a terra fértil floresce e a natureza exibe sua abundância.

Touro ocupa os 30 graus seguintes da roda zodiacal, simbolizando a materialização do impulso lançado por Áries. É o signo que organiza e faz prosperar aquilo que foi conquistado, transformando-o em algo produtivo.

A energia de Touro está relacionada ao impulso de preservação, nutrição e fertilidade. Diferentemente de Áries, que busca conquistar, Touro concentra-se em desenvolver e fazer prosperar aquilo que já possui.

Arquétipo e personalidade

Touro representa um princípio passivo e estável, que contribui para dar forma à energia gerada pelo primeiro signo. Ele contém e molda a energia, impedindo que ela se disperse.

A ação de Touro é a do construtor, que traz consistência e permanência. Sua natureza está ligada a conceitos como sensualidade, fecundidade, pragmatismo e estabilidade.

Touro pode ser explicado pelo momento em que começamos a perceber a dimensão física do mundo e do nosso corpo. É quando aprendemos a tocar, cheirar, andar, mastigar e desenvolver a consciência corporal e espacial.

Forças

Prático e perseverante, Touro tem uma notável capacidade de resistência em projetos de longo prazo. Sua necessidade de concretizar o que se propõe o torna um signo comprometido e focado.

Seja atraído pelo conforto, pela gastronomia, pela natureza ou por tudo isso junto, a energia de Touro nos lembra a importância daquilo que se constrói com paciência. O touro não é amigo da pressa nem da precipitação; prefere avançar no seu próprio ritmo para evitar passos em falso. O pragmatismo, a consistência, a estabilidade e a confiabilidade caracterizam a face luminosa de um signo que, em equilíbrio, sabe estar em perfeita harmonia com a dimensão terrena da realidade.

Fraquezas

A resistência à mudança é a principal fraqueza de Touro. Seu apego à zona de conforto pode torná-lo excessivamente conservador ou acomodado, dificultando sua capacidade de explorar novos horizontes.

A necessidade de se basear apenas no que é tangível pode levar a atitudes céticas ou até mesmo sarcásticas.

A teimosia, tão frequentemente mencionada, costuma ser um reflexo direto da inflexibilidade que surge do medo de mudar os padrões que lhe proporcionaram a segurança desejada.

Touro no mapa natal

Todos manifestamos a energia de Touro em alguma área do mapa astral. Essa área define um aspecto da vida no qual buscamos senso prático, segurança e crescimento.

É nesse setor que Touro expressa seu senso comum e sua habilidade de nutrir e preservar o que já foi conquistado. Seja qual for o âmbito, o objetivo é sempre construir algo sólido e duradouro.

GÊMEOS: OS GÊMEOS

- **21 de maio a 21 de junho (dependendo do ano e do horário)**
- **Elemento:** Ar
- **Polaridade:** Yang
- **Qualidade:** Mutável
- **Regente:** Mercúrio
- **Corpo:** Pulmões, sistema nervoso, mãos e braços
- **Casa associada:** Casa III
- **Palavras-chave:** Comunicação, curiosidade, inteligência; inconstância, frivolidade, superficialidade

---

Um signo de ar

Gêmeos é o terceiro signo do zodíaco e o primeiro dos três que compõem o elemento ar. Posicionado no fim da primavera (no hemisfério Norte), é um signo de qualidade mutável, unindo duas estações, como já mencionado.

Após o início marcado por Áries (elemento fogo) e a consolidação promovida por Touro (elemento terra), Gêmeos inaugura a dimensão mental, trazendo à tona a busca pelo conhecimento e pela conexão (elemento ar).

♊

O símbolo e o mito

O glifo de Gêmeos remete ao número romano dois. Representa a dualidade, característica essencial do signo, que parece integrar as duas realidades opostas dos signos anteriores.

Os gêmeos Cástor e Pólux, Zeto e Anfião ou Rômulo e Remo, da mitologia greco-romana, são exemplos de uma lista que poderia ser ampliada com figuras de diversas culturas. Desde os sumérios Gilgamesh e Enkidu até os nórdicos Balder e Loki, encontraríamos personagens (irmãos ou não) que representam esse princípio da dualidade. Hermes, ou sua versão romana, Mercúrio (cujo planeta homônimo rege Gêmeos), é uma das divindades mais fiéis à natureza desse signo. O engenhoso mensageiro dos deuses transita habilmente entre o mundo divino e o humano. Algumas dessas figuras se encaixariam no arquétipo do *trickster*, o trapaceiro que desafia as regras de comportamento por meio de artimanhas astutas.

A persuasão será a qualidade de que Héracles (ou Hércules) precisará para conseguir as maçãs do jardim das Hespérides em um dos trabalhos encomendados por Euristeu. Entre os doze trabalhos que ele realiza, esse é o que mantém relação mais forte com Gêmeos.

O calendário

O terceiro signo do zodíaco marca a transição para as estações mais quentes do ano (no hemisfério Norte).

Com Gêmeos, entramos em um território de busca que nos leva de volta à polaridade yang. Depois do assentamento, ativamos novamente o movimento, desta vez no elemento ar. Voamos de um lado para o outro com a vontade de conhecer o máximo possível, mudando de lugar e de direção quantas vezes for necessário.

Dessa forma, o signo ocupa os terceiros 30 graus da roda zodiacal e representa a vontade de explorar e questionar a realidade exterior para compreendê-la.

A energia de Gêmeos está associada ao impulso de comunicação que conecta diferentes pontos, ao intercâmbio de ideias e às perguntas. Mais do que conquistar ou preservar, interessa-se por descobrir, relacionar-se e manter vivo seu movimento contínuo.

Arquétipo e personalidade

O signo dos gêmeos encarna o princípio ativo e mutável que contribui para conectar elementos diversos. O agir de Gêmeos é o agir do terceiro (terceiro signo), que carrega em si as duas perspectivas, tão distintas, dos signos anteriores. Por isso, é também a energia encarregada de garantir o movimento das ideias que nos impulsiona a explorar outro lugar ou outra perspectiva; daí seu vínculo inescapável com a comunicação e sua disposição para o intercâmbio essencial ao aprendizado.

Sua natureza está relacionada a princípios como curiosidade, versatilidade, inquietação, adaptabilidade e instabilidade.

Gêmeos pode ser compreendido por meio da primeira experiência na escola: os colegas de escola, a comunicação entre os semelhantes e os estímulos ao redor revelam um novo mundo diante de nós; um espaço repleto de novidades a explorar, onde, provavelmente, nossa atenção se voltará para o próximo estímulo antes mesmo de termos aprofundado o anterior.

Forças

Curioso, versátil e engenhoso, o signo dos gêmeos tem uma grande capacidade de conectar ideias e se desenvolver no âmbito social.

Intelectual e racional, aprecia tanto as conversas quanto o intercâmbio de opiniões e perspectivas.

Dual, adaptável e habilidoso na comunicação, precisa estar cercado de estímulos variados que satisfaçam sua sede de movimento e exploração.

Atraída por desafios intelectuais, idiomas, relações sociais e tudo o que se vincula a esses temas, a energia de Gêmeos se concentra na realidade mutável de um mundo em constante conectividade.

Este signo detesta tanto a monotonia quanto os dogmas.

Fraquezas

A dificuldade em manter compromissos duradouros é uma das maiores fraquezas de Gêmeos. Sua energia volátil pode torná-lo inconstante e superficial nas relações e interesses.

Sua ampla gama de interesses, combinada à constante necessidade de mudança, pode dar a impressão de falta de profundidade ou comprometimento.

A sombra geminiana está associada ao arquétipo do embusteiro, que usa sua inteligência para manipular situações. Além disso, a famosa "dupla face" de Gêmeos reflete sua habilidade de integrar perspectivas opostas, mas pode ser mal interpretada como instabilidade ou duplicidade de caráter.

Gêmeos no mapa natal

Todos manifestamos Gêmeos em algum lugar do mapa, e o âmbito em que essa energia se expressa define um espaço da vida no qual precisaremos compreender, comunicar e experimentar a liberdade de movimento, vivenciando de diversas formas a dualidade característica do signo.

CÂNCER: O CARANGUEJO

- **22 de junho a 22 de julho (dependendo do ano e da hora)**
- **Elemento:** Água
- **Polaridade:** Yin
- **Qualidade:** Cardinal
- **Regente:** Lua
- **Corpo:** Peito, estômago, trato digestivo e sistema linfático
- **Casa associada:** Casa IV
- **Palavras-chave:** Proteção, nutrição, passado; apego, insegurança, atitude defensiva

---

Um signo de água

Com a água, completamos um primeiro ciclo pelos quatro elementos, desenvolvendo agora a dimensão emocional. Câncer, o quarto signo, é o primeiro dos três de água. Posicionado no início do verão (no hemisfério Norte) e marcando, nesse caso, o solstício, é definido como um signo de qualidade (ou modalidade) cardinal, como vimos anteriormente.

Após atravessar a energia expansiva de Gêmeos, retornamos à natureza yin para explorá-la a partir das emoções.

♋

O símbolo e o mito

O glifo de Câncer simboliza as garras de um caranguejo, simbologia associada tanto ao instinto de proteção quanto ao seio feminino.

O mito grego que dá origem à constelação envolve Hera, Héracles e Carcinos, um caranguejo gigante enviado por Hera para dificultar os feitos de Héracles. Derrotado pelo herói, Hera agradece a Carcinos por sua dedicação e lhe concede um espaço no firmamento, criando a constelação de Câncer.

Além da origem mítica da constelação, o trabalho de Héracles mais associado a Câncer é a captura da Cerva de Cerineia, na qual o herói precisa prender o animal sem o machucar. Para tanto, ele se vê obrigado a feri-la levemente e cuidar dela até que a ferida cicatrize.

Outro herói mitológico relevante é Aquiles, filho de Tétis e Peleu. Quando sua mãe consultou o futuro do filho, as Moiras profetizaram que Aquiles teria uma vida curta se não conseguisse viver de maneira tranquila e sem riscos. Tentando protegê-lo, Tétis tentou dissuadi-lo da ideia de ir para a guerra. Sem sucesso, visitou-o no campo de batalha e presenteou-o com um escudo forjado por Hefesto. Vale lembrar que, segundo algumas versões do mito, o ponto fraco de Aquiles era o calcanhar, a única parte que não foi submersa no rio Estige quando sua mãe tentou torná-lo imortal.

Nos dois últimos relatos mencionados, vemos aspectos muito ligados ao universo simbólico do signo, especialmente evidentes no cuidado com o outro, na proteção e na vulnerabilidade.

O calendário

O quarto signo do zodíaco marca o início do verão, com o solstício de verão no hemisfério Norte. Em muitas culturas é comum passar mais tempo com a família durante esse período, algo que, no plano simbólico, representa bem a natureza do signo. Ele nos leva de volta à necessidade de proteção e à vontade de introspecção, típica da polaridade yin.

Depois de voarmos com Gêmeos entre ideias e circunstâncias mutáveis, conectamo-nos agora com a necessidade de recuperar nosso centro interno, aprendendo a diferenciar entre nosso habitat íntimo e o que está fora. O signo ocupa, assim, o quarto bloco de 30 graus da roda zodiacal e simboliza a vontade de conectar-se à segurança emocional e afetiva que sentimos no conforto da intimidade, daí seu vínculo com a figura materna.

A energia de Câncer associa-se à ideia de tribo, que estabelece a diferença entre o que é próprio e o que é externo. Com este signo, adentramos o território da intimidade do lar e da família, mas também do povo ou da pátria.

Mais do que conhecer ou explorar, Câncer busca cuidar das raízes emocionais que o sustentam, relacionando-se também com a história e a memória. Assim, o signo nos convida a entrar em contato com o profundo senso de pertencimento que nos lembra que algo já existia antes de nós.

Arquétipo e personalidade

Câncer, como todos os signos cardinais, está ligado à iniciativa e à liderança. Essa tendência convive com a receptividade própria da natureza yin e com a disposição sutil e emocional do elemento água. A interação energética entre essas forças pode gerar certa ambivalência.

A atuação de Câncer é a do quarto signo, que completa o ciclo inicial pelos quatro elementos, representando o desenvolvimento evolutivo ao entrar no elemento água. A mobilidade e o desejo de exploração geminianos cessam, e a energia é transferida para a consciência de alimentar as raízes que fortalecem o senso de pertencimento. Entramos no núcleo dos mais próximos e, juntos, construímos a consciência grupal.

A natureza do caranguejo deve ser interpretada a partir desse senso de pertencimento, de nutrição e de apoio compartilhado com aqueles que têm interesses comuns que transcendem a vontade individual.

Câncer também pode ser representado pelo primeiro dia de aula: após a jornada, a criança descobre um mundo grande, barulhento e cheio de estímulos que a afastam de sua zona de conforto. A experiência ruim termina quando seus familiares vêm buscá-la. A criança abraça os pais e avós, desejando chegar rapidamente ao conforto e segurança de casa.

Essa cena ilustra o universo de um signo que nos faz tomar consciência da importância das raízes para que a árvore possa elevar seus galhos.

Forças

Sensível e intuitivo, o caranguejo aprecia a segurança que os laços íntimos proporcionam e é hábil em detectar sutilezas emocionais ao seu redor.

Cuidadoso e empático, possui uma grande capacidade para perceber as necessidades emocionais dos outros.

Com frequência é dotado de boa memória, gosta de preservar aspectos do passado, seja por meio de coleções ou de caixas de lembranças.

Imaginativo, romântico e frequentemente detalhista, sabe cuidar dos mais próximos com empatia e lealdade.

A faceta mais luminosa de Câncer oferece seu lar, sua proteção e seu coração a todos os que fazem parte do que considera sua tribo.

Seja em sua relação com crianças, animais, tradições, família, lar ou a pátria, o caranguejo busca nutrir e cuidar de todos aqueles com quem compartilha um senso de pertencimento.

Fraquezas

O conflito entre a vontade de liderar e a insegurança é um dos principais desafios do signo. Essa energia pode tentar criar uma divisão clara entre "minha tribo" e "os outros" para recuperar a segurança necessária para liderar em um círculo de confiança. Não é incomum que, na intimidade, este signo adote uma postura mandona, que contrasta com a candura e timidez exibidas externamente, ou que atue de forma passivo-agressiva.

O ciúme, a desconfiança e o apego podem gerar problemas diante do temor de que ameaças externas abalem as bases de sua segurança emocional. Lutar contra esses fantasmas pode levar à manipulação emocional.

O humor frequentemente volúvel, como os ciclos lunares — não à toa, a Lua é a regente do signo —, pode trazer à tona a sensibilidade e um comportamento infantil, especialmente quando sente que sua necessidade de segurança emocional não é atendida.

Câncer no mapa natal

Todos manifestamos Câncer em algum lugar do mapa, e a área em que essa energia se expressa define um campo da vida no qual buscamos sentir segurança emocional. Esse espaço exige proteção para que possamos conquistar a confiança.

LEÃO: O LEÃO

- **23 de julho a 22 de agosto (dependendo do ano e da hora)**
- **Elemento:** Fogo
- **Polaridade:** Yang
- **Qualidade:** Fixa
- **Regente:** Sol
- **Corpo:** Coração, costas e sistema circulatório
- **Casa associada:** Casa V
- **Palavras-chave:** Generosidade, nobreza, criatividade; orgulho, pomposidade, egocentrismo

Um signo de fogo

Leão é o quinto signo do zodíaco e o segundo dos três que compõem o elemento fogo. Situado no auge da estação, é classificado como um signo de qualidade fixa, conforme já mencionado.

Trata-se de uma manifestação de energia yang, facilmente compreendida ao observarmos o percurso do Sol durante o dia. No centro do verão (no hemisfério Norte), Leão representa o Sol brilhando intensamente no meio do céu, no horário de pico.

♌

O símbolo e o mito

O glifo de Leão remete à cabeça de um leão vista de perfil, adornada por uma exuberante juba. Em diversos sistemas simbólicos, o Sol (regente de Leão) e a Lua (regente de Câncer) simbolizam os princípios essenciais de energia yin e yang. Alguns estudiosos acreditam que o zodíaco se originou dessa divisão, atribuindo a energia yin a Câncer e a yang a Leão. É provável que a roda zodiacal tenha-se desenvolvido a partir dessa diferenciação.

Na mitologia grega, Zeus teria colocado um leão no firmamento como homenagem ao Leão de Nemeia, derrotado por Héracles (Hércules) em um de seus trabalhos relacionado a este signo.

Além disso, Leão se conecta a figuras como o titã Hélio (personificação do Sol), o deus Apolo e o mito de Narciso e Eco, no qual Narciso se apaixona por seu próprio reflexo na água, levando-o à morte.

O Rei Arthur também mantém vínculos com Leão. Sua identidade como rei é revelada ao remover a espada Excalibur do pedestal onde estava cravada. Outro personagem associado ao signo é Percival, criado por sua mãe após a morte precoce do pai. Motivado pelo desejo de se tornar cavaleiro, ele parte para a corte do Rei Artur e, posteriormente, é convidado a ser um dos Cavaleiros da Távola Redonda. Sua busca pelo Santo Graal culmina em um processo de autodescoberta.

Na maioria desses relatos, encontramos a busca pela força e pela luz internas que conduzam à própria identidade — uma identidade frequentemente carente de aprovação externa e que podemos associar à vontade de obter reconhecimento paterno.

O calendário

Leão, o quinto signo do zodíaco, está relacionado ao estabelecimento do verão no hemisfério Norte e do inverno no hemisfério Sul. Após percorrermos os quatro elementos, reiniciamos o ciclo com o fogo de qualidade fixa, que domina o auge do verão. O número cinco, ímpar, agrega dinamismo à interioridade do quarto signo e se reconecta com a expansão energética do impulso yang.

A sensibilidade tribal explorada em Câncer cede espaço à vontade de expressão individual. Essa expressividade apresenta maior consciência do entorno em relação a Áries, que sacrifica parte do impulso instintivo para ganhar persistência e estabilidade. Enquanto Áries age sem referência externa, Leão, no centro do ciclo, tem plena noção de sua posição.

A energia leonina está ligada à chama criativa inerente a toda forma de vida que se expressa pelo simples fato de existir. O impulso do "eu" busca ser reconhecido como tal, um reconhecimento amplo que nos diferencia pelo que somos. Essa necessidade de reconhecimento muitas vezes se conecta à aprovação paterna. Enquanto Câncer representa o cuidado materno, Leão está relacionado à validação paterna, que incentiva a reivindicação da individualidade.

Com Leão, desenvolvemos a autoestima necessária para a construção do ego e da confiança interna. Esse processo emerge da necessidade de se diferenciar do coletivo, abordado em Câncer, conectando-se à energia solar, regente de Leão. Se Áries buscava conquistar espaço no mundo para "ser", Leão reivindica o direito de manifestar quem já é.

Arquétipo e personalidade

Se em Câncer éramos tribo, em Leão passamos a ser, acima de tudo, indivíduos. Vinculado ao coração, o leão zela por expressar o pulsar vital inerente a todo ser vivo. O agir de Leão busca manifestar o ser por direito próprio, aquele que permite conectar-se à firmeza necessária para manter a segurança interna. A natureza de Leão deve ser compreendida, portanto, a partir da irradiação solar presente em cada ser vivo — a vitalidade que surge como chama inesgotável enquanto a vida perdura. A criatividade, o romance e a espontaneidade das crianças são conceitos ligados ao signo porque, por meio deles, a vida se expressa em sua essência.

Por isso, adentrar Leão significa compreender que tudo é dotado de uma energia individual que deseja e precisa se expressar. O rei da selva, como guardião da vida que floresce sob os raios solares, torna-se símbolo de integridade pessoal, nobreza, magnanimidade, vitalidade e autoconfiança.

Episódios associados ao signo incluem o brincar espontâneo da criança, que, ao se expressar de maneira livre e criativa, escapa de condicionamentos sociais e revela sua individualidade.

Forças

Entusiasta e criativo, o leonino tem um carisma natural que o torna um líder nato.

Afetuoso, otimista, brincalhão, vital e apaixonado, destaca-se pela habilidade de enxergar o lado positivo da vida.

Nobre e leal, valoriza profundamente a dignidade pessoal e evita atitudes mesquinhas.

Magnânimo e generoso, tem o dom de potencializar as habilidades dos outros, exalando uma calorosa empatia.

De natureza protetora, não hesita em defender a integridade de seus entes queridos ou de quem estiver em situação de vulnerabilidade.

Fraquezas

Sentir que recebe menos atenção do que precisa pode fazer emergir o lado mais egocêntrico e pomposo de uma natureza que, muitas vezes, necessita ocupar o centro do palco. Mesmo quando manifesta sua energia com timidez, geralmente espera obter reconhecimento exterior.

Dominante, teimoso e inflexível, pode ter grande dificuldade em ceder, especialmente em disputas de poder. Nessas situações, pode ignorar as necessidades do outro e revelar sua faceta mais despótica.

Propenso ao drama e à teatralidade, deve evitar se prender à própria subjetividade a fim de enxergar os conflitos com mais perspectiva.

O orgulho é sua fraqueza mais evidente. Se o leão sente que sua dignidade foi ferida, torna-se difícil uma segunda oportunidade.

Leão no mapa natal

Todos manifestamos Leão em algum ponto do mapa astral. A área em que essa energia se expressa é um espaço onde buscamos sentir orgulho, uma esfera que necessita de certa validação externa e um lugar em que tendemos a agir com otimismo e generosidade.

VIRGEM: A VIRGEM

- ★ **23 de agosto a 22 de setembro (dependendo do ano e da hora)**
- ★ **Elemento:** Terra
- ★ **Polaridade:** Yin
- ★ **Qualidade:** Mutável
- ★ **Regente:** Mercúrio
- ★ **Corpo:** Aparelho digestivo (intestinos, vesícula biliar), sistema nervoso central
- ★ **Casa associada:** Casa VI
- ★ **Palavras-chave:** Análise, servir, perfeccionismo, crítica, inibição, convencionalismo

---

Um signo de terra

Virgem é o sexto signo do zodíaco e o segundo dos três que pertencem ao elemento terra. Estando no final da estação, é classificado como um signo de qualidade mutável, como vimos anteriormente. Encontramo-nos diante de uma manifestação de energia yin, ocupando o final do verão no hemisfério Norte.

Este signo, o segundo do elemento terra, nos devolve ao princípio yin e nos faz perceber nossa conexão com um todo coletivo. Depois da busca de estabilidade de Touro (o primeiro signo de terra), exploramos este elemento agora de maneira mais consciente, reconhecendo nossa interação com a realidade à qual devemos servir para seu bom funcionamento. O impulso de expressão individual do leão dá lugar à busca pela eficiência dentro de um contexto que funciona graças ao servir que podemos oferecer como parte do conjunto.

♍

O símbolo e o mito

Virgem é associada à figura de uma donzela, uma virgem que segura uma espiga de trigo dourada. Seu glifo, com a forma de "M", parece vir do alfabeto protossinaítico, que originou a letra hebraica "mem". Também é vinculada à letra "M" de "maiden" (donzela, em inglês) ou à Virgem Maria. A cauda entrelaçada pode estar relacionada à própria espiga de trigo, à contenção ou à castidade.

Além de sua origem, Virgem está ligada à colheita, ao trabalho necessário para produzi-la, à pureza e ao conceito da virgem, entendendo-o também como a mulher que, renunciando à vida conjugal, conhece o *Ars Amandi* (série de livros do poeta Ovídio) e expressa a fecundidade sem amarras. Sendo um arquétipo mais tarde relacionado à prostituta, podemos perceber essa polaridade na representação do signo.

Virgem é uma das maiores constelações. Sua forma se assemelha à da deusa virgem Astrea e sua estrela mais brilhante se chama Spica (Espiga).

A titânide Astrea, filha de Zeus e Têmis, é associada a este signo, assim como a deusa da natureza Artemisa, que opta por não ter filhos nem relações sexuais. Héstia, irmã de Zeus e Hera, deusa protetora do lar que cultiva o misticismo e não estabelece vínculos românticos, também se conecta com a natureza deste signo. Outro exemplo é Perséfone, filha da deusa Deméter, que, além de ser filha da deusa das colheitas, relaciona-se com o mito em que ela é raptada por Hades e levada ao submundo.

Cassandra também representa bem as qualidades virginianas, assim como o trabalho de Hércules, que deve recuperar o cinto de Vênus, roubado por Hipólita, rainha das amazonas. No mito, depois de matar Hipólita, Hércules, agindo por orgulho, precisa se redimir servindo. Nesse momento ele salva Hesíone de ser devorada por uma serpente.

O calendário

O sexto signo do zodíaco está associado ao fim do verão no hemisfério Norte e à transição para o outono. Aproximando-nos da metade do caminho zodiacal, chegamos ao fechamento de um primeiro ciclo, retornando à energia yin, representada pelo impulso passivo dos signos que ocupam as casas pares no zodíaco.

A época da vindima e o retorno à escola definem o contexto em que o signo de Virgem opera. A autoexpressão vista em Leão cede espaço para a vontade de gerenciar a realidade existente em um contexto determinado, uma gestão que, com maior consciência do ambiente do que a de Touro, substitui parte do instinto de preservação desse signo pela necessidade de adaptação às circunstâncias do coletivo.

A energia de Virgem se associa, portanto, à gestão adaptativa que todo sistema requer. O eu de Virgem é um eu disposto ao servir que facilita o funcionamento das coisas. Há uma evidente relação entre esse impulso e a vontade de conferir ao grupo eficiência em seu desenvolvimento, e é por isso que exploramos em Virgem a meticulosa busca pela perfeição que todo componente deve respeitar para a eficiência grupal.

Regido por Mercúrio, como Gêmeos, é consciente de que os múltiplos pontos de vista em relação a um mesmo assunto requerem chegar a acordos com o objetivo de ser resolutivo e evitar que nos percamos em divagações não tangíveis. Isso explica sua predisposição eminentemente prática, pois Virgem sabe que estamos sempre operando na realidade existente; moldável, sim, mas concreta.

Arquétipo e personalidade

Se para Leão éramos expressão individual, para Virgem somos componentes de um todo maior.

Relacionado ao aparelho digestivo, o signo de Virgem busca que cada coisa ocupe o lugar que lhe corresponde, agindo com eficiência. Esse impulso de diferenciação e discernimento origina sua relação com a ordem.

O agir de Virgem se concentra na realidade concreta como um espaço ao qual precisamos aprender a nos adaptar. A necessidade de expressão e reconhecimento do leão cede lugar a uma nova perspectiva: a de quem, mais do que reconhecimento, precisa operar com eficácia em seu ambiente.

O perfeccionismo, a análise e o discernimento que nos levam a entender o lugar que cada coisa ocupa são conceitos-chave desse signo, que surge quando a individualidade de Leão se depara com a realidade. Entrar em Virgem implica compreender que o que importa é a adaptação a um espaço existente, que funciona segundo suas próprias leis.

A pureza da virgem é aqui símbolo da ação perfeita de quem enfrenta a realidade com eficiência, vontade de servir e a modéstia de quem opera consciente de pertencer a um mecanismo maior.

Entre os episódios da vida que podemos associar ao universo do signo, vale destacar o retorno às aulas no início do ano letivo, quando agendas, horários e calendários nos lembram da importância de chegar a acordos com a realidade.

Forças

Prático e eficiente, esse signo tem uma habilidade incomparável para lidar com tarefas que exigem minúcia, daí sua relação com a perícia do artesão.

Detalhista, perfeccionista e analítico, é hábil em decompor o todo em partes pequenas, tornando-as facilmente digeríveis, como no caso do aparelho digestivo.

De natureza reservada, prefere a discrição e evita alarde. Essa tendência facilita trabalhos nos bastidores, papéis subordinados ou tarefas que não exigem reconhecimento público.

Modesto e servil, valoriza mais os resultados que os méritos individuais.

Com grande integridade, está sempre disponível para ajudar aqueles que realmente importam.

Fraquezas

A vontade de intervir na realidade para "melhorá-la" pode fazer surgir o lado mais exigente e crítico do arquétipo, que às vezes expressa atitudes cáusticas.

Com tendência hipocondríaca, demonstra preocupações irracionais com saúde, alimentação e higiene.

O excesso de controle pode resultar em uma atitude fechada e inacessível para os outros.

Inseguro e propenso à reflexão excessiva, frequentemente se desconecta da realidade emocional para analisar a vida, em vez de fluir espontaneamente com ela.

A tendência a reprimir os impulsos pode trazer à tona o outro lado da polaridade, levando a episódios em que a perda de controle surge como um ato de compensação.

Virgem no mapa natal

Todos manifestamos Virgem em algum lugar do mapa. O espaço em que encontramos sua energia é uma esfera da vida na qual temos dificuldade em nos conectarmos com a espontaneidade ou com a reivindicação do individual. A insegurança costuma estar presente, e tendemos a buscar a perfeição e a pureza por meio do servir ou tentando manter as situações sob controle.

LIBRA: A BALANÇA

- **23 de setembro s 22 de outubro (dependendo do ano e da hora)**
- **Elemento:** Ar
- **Polaridade:** Yang
- **Qualidade:** Cardinal
- **Regente:** Vênus
- **Corpo:** Rins e região lombar
- **Casa associada:** Casa VII
- **Palavras-chave:** Equilíbrio, justiça, diplomacia; indecisão, complacência, equidistância

Um signo de ar

Libra é o sétimo signo do zodíaco e o segundo dos três que compõem o elemento ar. Este signo marca o início da segunda metade do percurso zodiacal e nos conduz de volta ao elemento ar e à esfera das relações. Embora se trate de uma manifestação de energia yang, o signo é regido por Vênus, um dos planetas yin por excelência, o que explica a manifesta ambivalência em Libra.

Com um signo cardinal de ar, inauguramos o equinócio de outono (no hemisfério Norte) e exploramos a área do "outro", que nos lembra que há um lugar além de nós mesmos.

♎

O símbolo e o mito

O glifo de Libra é o único que remete a um elemento inanimado e representa uma balança que equilibra dois pesos opostos.

Na Grécia Antiga, a constelação de Libra era conhecida como "As pinças do Escorpião" e era considerada parte da constelação de Escorpião. Foi no século I a.C. que recebeu o nome de Libra, em referência à balança da justiça sustentada por Astrea.

Do ponto de vista da astronomia, naquele tempo, quando o Sol atravessava a constelação de Libra, chegávamos ao equinócio de outono, quando a noite e o dia eram iguais. Esse fato ajudava a forjar o universo simbólico de Libra, baseado no equilíbrio entre forças opostas, mas também complementares.

Na mitologia antiga, não encontramos referências diretas à balança associada à Libra, justamente por sua modificação simbólica posterior. Contudo, na mitologia do Antigo Egito, Anúbis e Maat são associados à balança que pesava as almas dos mortos.

Libra também é vinculado à deusa grega do amor, Afrodite (a Vênus romana), ou à deusa da justiça, Têmis, frequentemente representada com uma balança em uma mão, uma espada na outra e os olhos vendados.

O episódio mitológico em que Páris deve decidir se Atena, Hera ou Afrodite é a mais bela, remete, em muitos aspectos, ao universo simbólico do signo de Libra. Outro mito relacionado à decisão é o protagonizado por Tirésias, que precisava decidir se os homens ou as mulheres sentiam mais prazer no amor.

O trabalho de Hércules associado a este signo é a captura do Javali de Erimanto, em que o herói deveria capturar o animal sem usar força.

Por outro lado, a beleza de Adônis e Psique também pode ser associada a esse signo.

A presença mitológica de Libra aparece em situações que envolvem a tomada de decisões, a equidade, o equilíbrio, a beleza ou o amor, conceitos profundamente ligados ao signo.

O calendário

O sétimo signo do zodíaco se estabelece com o equinócio de outono no hemisfério Norte e o de primavera no hemisfério Sul. Após percorrer a primeira metade da roda zodiacal, agora iniciamos o trajeto pelos seis últimos signos. O número sete, ímpar, acrescenta dinamismo ao estatismo do seis e se reconecta com a expansividade energética do impulso yang, embora, como já mencionado, o fato de ser regido por Vênus confere certa ambiguidade a esse impulso.

Da engrenagem e do servir o conjunto explorados com Virgem, passamos ao universo das concessões. Com Libra, o "eu" entra na esfera do "você" e toma consciência de que há um outro com quem precisa chegar a acordos para cooperar.

Se Gêmeos revelava a existência de "um igual", Libra evidencia a presença de "um oposto", mas complementar, necessário para formar a existência de um todo. Se com Virgem nos questionávamos sobre nosso papel no conjunto, com Libra destacamos a necessidade de chegar a acordos entre realidades distintas.

Assim como a primavera traçava o impulso expansivo de Áries, o outono nos faz perceber que completamos a primeira metade do ciclo. Se Áries agia sem ninguém à frente por ser o primeiro, Libra contempla tudo o que está à sua frente e, ao mesmo tempo, reflete sobre o lugar que ocupa.

O ponto de vista de Libra gera o incômodo da indecisão e da dúvida, mas também a amplitude de visão de quem é capaz de ver por uma perspectiva que transcende a subjetividade.

Arquétipo e personalidade

Com Virgem encerramos o primeiro ciclo de formação do indivíduo, e com Libra adentramos o terreno compartilhado. Se Virgem refletia sobre seu papel no conjunto, Libra, longe de perceber pequenos papéis, observa a realidade concentrando-se mais na existência de duas metades (o eu e o você) que, juntas, formam um elemento completo.

Vinculada aos dois rins do corpo humano, a balança vela para compreender as necessidades individuais que têm o potencial de formar um conjunto harmônico. Seu agir, portanto, aspira ao acordo entre essas duas partes necessárias para o desenvolvimento conjunto.

A natureza de Libra deve ser entendida a partir da exploração desse "outro" com o qual somos capazes de estabelecer objetivos comuns, se trabalharmos sensatamente nos conflitos de interesse.

Regido por Vênus, o signo busca harmonia e tem atração pela beleza, pelo romance, pela união e pelo acordo. A balança evita o conflito e aspira à conciliação racional que pode surgir da contraposição de perspectivas. Se com Áries explorávamos o impulso individual sem filtros, com Libra compreendemos que a individualidade em si é limitada e incompleta, pois é a metade de um conjunto.

Dos episódios de vida que podemos associar ao universo deste signo, destacam-se o casamento e o divórcio: em ambos os momentos da vida, devemos chegar a acordos com a parte oposta e complementar com a qual formamos ou havíamos formado, um todo.

Forças

Pacífico e conciliador, Libra tem grande aptidão para se desenvolver socialmente.

Justo, objetivo e imparcial, tem um talento natural para avaliar a realidade com uma visão ampla.

Cooperativo, encantador e aberto ao diálogo, está disposto a colaborar, compartilhar e firmar acordos.

Esteta e atraído pela harmonia, tem aptidão para encontrar o ponto de equilíbrio necessário em diversas situações.

Amável e sereno, também sabe levantar a voz quando não se age com justiça e equidade.

Fraquezas

A busca por harmonia tende a causar a não expressão sincera do que se sente, o que gera uma predisposição a passivo-agressividade.

Perseguir o conforto e a dificuldade em tomar decisões frequentemente gera certa preguiça, predispondo a seguir o caminho mais fácil.

O desejo de preservar as aparências pode minar a expressão sincera e direta.

A falta de confiança em si e a busca por aprovação externa frequentemente resultam em dependência emocional.

Libra no mapa natal

Todos manifestamos Libra em algum lugar do mapa. No âmbito em que expressamos sua energia, buscamos a existência de outro, desejamos cooperar, debater e estamos conscientes da importância de compartilhar.

ESCORPIÃO: O ESCORPIÃO

- ★ **23 de outubro a 21 de novembro (dependendo do ano e da hora)**
- ★ **Elemento:** Água
- ★ **Polaridade:** Yin
- ★ **Qualidade:** Fixa
- ★ **Regente:** Marte e Plutão
- ★ **Corpo:** Sistemas excretor e reprodutor (órgãos sexuais)
- ★ **Casa associada:** Casa VIII
- ★ **Palavras-chave:** Magnetismo, profundidade, transformação; intensidade, possessividade, destrutividade

Um signo de água

Escorpião é o oitavo signo do zodíaco e o segundo dos três que compõem o elemento água. Esse signo, que representa uma manifestação de energia yin, ocupa a parte central do outono (no hemisfério Norte), sendo classificado como um signo de qualidade fixa.

A volta ao yin nos faz tomar consciência dos processos de transformação presentes nos ciclos naturais. Após o desejo de cuidar (e ser cuidado) do signo de Câncer, exploramos o elemento com uma perspectiva mais consciente de nossa interação com uma realidade íntima, que também está sujeita a transformações, crises e finais.

O impulso conciliador explorado em Libra, que nos permitia atuar como mediadores em nossas relações com os outros, dá lugar a uma energia mais íntima, focada em explorar a realidade que muitas vezes é desconfortável de encarar. Com isso, o tabu também marca presença.

♏

O símbolo e o mito

O glifo que representa Escorpião é composto por um símbolo que foi associado à letra M de Marte, seu regente tradicional, e a M de matéria, já que Escorpião se relaciona com a transmutação desta. O critério é unânime ao vincular a flecha do glifo à cauda do escorpião.

O caráter duplo do signo foi representado com formas arredondadas, associadas à natureza yin, e com a flecha, ligada ao princípio yang. Embora Escorpião tenha natureza feminina, é tradicionalmente regido por um planeta masculino. Além do escorpião, esse signo é associado à águia, o que mostra sua dualidade: por um lado, as paixões humanas mais baixas; por outro, a capacidade de transcendê-las e se elevar acima delas.

Este signo está ligado ao mito de Perseu e Medusa, no qual ele corta a cabeça da górgona para salvar sua mãe do rei Polidecto. Encontramos nessa história muitas referências à natureza do signo, especialmente se nos aprofundarmos na vontade de redimir uma figura feminina (sua mãe) enfrentando outra figura feminina, que representa a força instintiva mais sombria.

De tema similar é o trabalho de Hércules, em que ele enfrenta a Hidra de Lerna. Apenas atraindo-a para a luz o semideus consegue enfraquecê-la e vencê-la sob os raios do Sol. Na essência desse mito abunda a transformação do inconsciente para o consciente.

Plutão (Hades no mito grego), deus do submundo, é o regente planetário atual de Escorpião, e essa figura reflete a mesma temática. A princesa cretense Fedra também se relaciona com as paixões mais baixas. Ela se apaixona por Hipólito, que a rejeita, e em uma versão do mito a acusa de tê-la violado, suicidando-se em seguida.

Por fim, a deusa guerreira Kali, do hinduísmo, e o deus Shiva, ambos ligados às forças destrutivas necessárias para regenerar, também são associados a Escorpião.

Calendário e arquétipo

O oitavo signo do zodíaco está ligado ao centro do outono no hemisfério Norte.

Retornamos à energia yin, representada pelo impulso passivo (também chamado receptivo, feminino ou negativo), presente nos signos que ocupam os números pares da roda zodiacal. Esse impulso, combinado com a energia de Marte, regente tradicional de Escorpião, nos oferece uma dualidade energética oposta à transitada com Libra, que é um signo masculino com regência feminina.

Durante a parte do outono que corresponde a este signo no hemisfério Norte, a natureza morre diante de nossos olhos e se desprende do necessário para poder renascer. Quando as folhas cobrem as calçadas, honramos os mortos, tomando consciência da inevitável transformação que marca o ciclo da vida. Esse é o contexto simbólico de Escorpião: o impulso de outra pessoa, inaugurado com Libra, cede lugar à fusão com esse outro. Se com Libra éramos conscientes de quem tínhamos à nossa frente operando de maneira oposta e complementar, com Escorpião entendemos que se aprofundar em ambas as realidades implica fundi-las para transformar o que existe. No processo de regeneração profunda, algo novo surgirá.

Por outro lado, o primeiro signo de água, Câncer, nos empurrava a excluir uma parte do conjunto com "os meus" e "os outros". Isso agora ganha uma nova dimensão, e nos concentramos na integração desse outro que transforma a realidade conhecida.

A sexualidade, como fim da própria individualidade, é um bom exemplo do que foi mencionado acima. A "pequena morte", como os franceses chamam o orgasmo, tem sido frequentemente utilizada também para definir a natureza de Escorpião. Só morrendo no outro é que pode nascer a vida, assim como somente desprendendo-se do que é supérfluo a natureza pode continuar seu constante renascimento. Pela primeira vez na roda zodiacal, a realidade pessoal colide com a dimensão transpessoal daquilo que nos transcende; e é que Plutão, um dos regentes de Escorpião, é de natureza transpessoal. Por isso, com este signo somos obrigados a explorar pela primeira vez o que transcende a matéria.

Agora encaramos a morte, e o impulso autoafirmativo de Marte (regente tradicional de Escorpião) se une à vontade transformadora de Plutão, que, sem considerar as individualidades, velará pela regeneração do todo. A energia de Escorpião está associada aos processos excretores que todo ciclo vital envolve.

O eu de Escorpião é um eu disposto a se aprofundar nos aspectos ocultos da natureza para trazê-los à consciência.

Personalidade

O signo do Escorpião deseja regenerar o que já não se sustenta como antes.

Seu senso de transcendência busca integrar a matéria ao processo e aceitar que chegou o momento de transformá-la. Esse impulso de transformação também está relacionado às crises emocionais que envolvem conectar-se com o renascimento contínuo.

Intenso e profundo, Escorpião não se interessa tanto em explorar as superfícies, mas em desenterrar as profundezas. Seu agir prioriza a realidade que tendemos a esconder, a fim de purificar o que é desnecessário.

A conexão frequente com pulsões inconscientes difíceis de racionalizar, a sensibilidade pela realidade que os outros não querem encarar e a ligação com a transformação necessária da matéria são três aspectos que podem gerar conflitos entre a vontade de transformar e o princípio de permanência.

Não devemos esquecer que Escorpião, oposto a Touro, é o signo fixo de água. Tentar fixar algo tão fluido quanto suas emoções pode gerar atitudes extremistas que oscilem entre o tudo e o nada.

Os episódios de vida associados a esse signo incluem processos vividos durante qualquer luto ou doença prolongada. Após atravessar uma crise desse tipo, renascemos para ver a vida com outros olhos.

Forças

Vigoroso, tenaz e resistente, Escorpião é dotado de uma habilidade ímpar para enfrentar qualquer situação com grande capacidade de regeneração.

Intuitivo, perspicaz e profundo, tem grande habilidade para escrutinar a realidade e acessar partes dela que muitas vezes passam despercebidas aos outros.

Enérgico, magnético e com convicções firmes, tem uma boa capacidade de persuasão.

Intenso e apaixonado, tende a colocar sua intensidade a serviço de uma análise profunda de si e dos outros, o que lhe confere aptidão para transformar padrões obsoletos.

Com uma força de vontade superior, enfrenta os desafios da vida com determinação.

Fraquezas

Obstinado, obsessivo e inflexível, pode ter dificuldade em se desprender de antigas ofensas, sendo fixo de água.

Possessivo, controlador e desconfiado, é capaz de invadir o espaço alheio, especialmente quando acredita não obter a lealdade esperada.

Implacável e dominante, deve moderar sua tendência a manipular o ambiente para obter o que deseja.

É importante que tome consciência de sua beligerância para não cair em impulsos destrutivos e estéreis, afastados da autoconsciência.

Escorpião no mapa natal

Todos manifestamos Escorpião em algum lugar do mapa, onde expressamos intensidade e transformações, e buscamos defender o que é nosso diante de ameaças externas. Nesse setor, também enfrentamos medos profundos ou obsessões, buscando chegar ao âmago das questões.

SAGITÁRIO: O ARQUEIRO

- **22 de novembro a 21 de dezembro (dependendo do ano e da hora)**
- **Elemento:** Fogo
- **Polaridade:** Yang
- **Qualidade:** Mutável
- **Regente:** Júpiter
- **Corpo:** Fígado, quadris e coxas
- **Casa associada:** Casa IX
- **Palavras-chave:** Sinceridade, espontaneidade, entusiasmo; dogmatismo, falta de tato, exagero

Um signo de fogo

Sagitário é o nono signo do zodíaco e o terceiro dos três que compõem o elemento fogo. Por estar situado no fim da estação, é definido como um signo de qualidade (ou modalidade) mutável, como vimos anteriormente.

Trata-se de uma manifestação de energia yang, que ocupa o fim do outono no hemisfério Norte. Enquanto Áries representa o nascimento e o impulso, e Leão, a estabilização e a autoconsciência, Sagitário conecta essas duas energias para se vincular à consciência do que está além, daí sua relação com a busca de significado e fé.

Se os quatro primeiros signos forjam as bases do indivíduo e seus recursos, e os quatro seguintes exploram a interação com os outros, com Sagitário começamos a jornada pelos quatro últimos signos, que explorarão a realidade de uma perspectiva mais global. Assim, a natureza desse signo opera nesse marco de transição.

Ao contrário de Escorpião, que está ligado à profundidade emocional e, de alguma forma, a um fim, Sagitário inicia o último trecho dessa jornada, voltando-se para o que está além.

A racionalização de Gêmeos, seu signo oposto, é substituída pela intuição, e a informação ganha com Sagitário uma dimensão mais global, que busca dar espaço à sabedoria (ou crença) interna.

♐

O símbolo e o mito

O glifo, relacionado a uma flecha, está associado à representação de Sagitário como um centauro armado com arco e flecha.

Metade homem e metade cavalo, o centauro simboliza a capacidade intelectual humana e a velocidade do cavalo, formando um conjunto que remete à vontade de explorar. Isso reflete na identidade de Sagitário, principalmente por intermédio do centauro Quíron, sábio mestre e tutor de heróis como Peleu, Aquiles e Jasão. Acidentalmente ferido por seu amigo Héracles, o centauro, ao tentar se curar, adquire a habilidade de curar os outros, além de uma grande sabedoria, unindo o instinto à dimensão espiritual.

Regido por Júpiter, Sagitário também está associado ao deus romano homônimo (o Zeus grego), responsável por manter a justiça no universo, uma justiça ligada ao signo, especialmente quando entendemos esse conceito pela perspectiva da ética.

O trabalho de Héracles relacionado a esse signo é o das aves do Estínfalo. O herói falha ao tentar derrotá-las com flechas, mas usa címbalos fornecidos por Atena. O som dos címbalos finalmente as vence. Mais do que a força bruta, a estratégia baseada na intuição e na sabedoria é o que se mostra eficaz. Atena também é importante para a caracterização do signo, principalmente por seu conhecimento aliado à natureza combativa.

Outras associações poderiam ser mencionadas em um trabalho mais extenso, mas, se fosse preciso destacar mais um personagem, seria Ulisses, cujas aventuras em seu retorno à Ítaca evidenciam o conhecimento adquirido em uma jornada além do conhecido.

Calendário e arquétipo

No hemisfério Norte, o nono signo do zodíaco está vinculado ao fim do outono e à transição para o inverno.

Assim, ao unir duas estações, o fogo de Sagitário, o último signo deste elemento tem uma qualidade mutável. Por isso, simbolicamente, tenta conectar o impulso individual à consciência do que está além, o que explica sua predisposição a agir por intuições ou instintos.

A expressão do elemento é retomada a partir do aprendizado com Escorpião. O contato com o fim da matéria suaviza a natureza de um elemento que, ao nascer com Áries e afirmar sua existência em Leão, agora se volta para a exploração além dos limites conhecidos.

A energia de Sagitário é, portanto, associada ao princípio de expansão consciente de uma realidade global, que molda um mundo por explorar. O simbolismo desse signo une o discípulo e o mestre sob a abrangência de uma realidade que transcende ambos.

Personalidade

Este terceiro signo de fogo está relacionado ao pôr do sol, assim como o primeiro se relaciona ao amanhecer e o segundo ao meio-dia.

Expansivo e otimista, Sagitário se orienta na procura da verdade, o que explica sua relação com a filosofia e a busca por respostas.

Diferente de Gêmeos, que é consciente das múltiplas verdades, o arqueiro se vincula à verdade interna que cada indivíduo sente pulsar dentro de si, com o impulso da fé interior que ativa o movimento e a vontade de expressá-la.

Se Escorpião buscava revelar verdades ocultas, Sagitário lida com "verdades espontâneas reveladas". A sinceridade é uma característica marcante desse signo.

Longe de se manter contido ou reservado, Sagitário coloca em foco a expressão do que está em constante movimento e deseja expandir.

Forças

Entusiasmado, jovial e sociável, Sagitário vê a vida como um espaço a ser explorado.

Sincero e espontâneo, tende a expressar sua perspectiva sem inibição.

Buscador e inquieto, persegue respostas sem medo de sair de sua zona de conforto, o que também justifica sua disposição para viagens.

Idealista e expansivo, procura o movimento e a exploração que possibilitem ampliar seu conhecimento e se conectar com uma visão além do conhecido.

Fraquezas

Sua falta de tato e impulsividade, às vezes dogmáticas, fazem com que emita julgamentos sem muita ponderação.

Pode ser impulsivo e agir sem reflexão, tomando decisões no último momento.

Sua atitude excessivamente despreocupada, por vezes infantil, pode dificultar a empatia com estados emocionais como a tristeza.

A busca pela liberdade pode se materializar na pior versão do signo, com desinteresse pelas necessidades dos outros.

Dogmático e fanático, é capaz de se afastar de opiniões racionais e seguir apenas suas verdades internas.

Sagitário no mapa natal

Todos manifestamos Sagitário em algum ponto do nosso mapa, buscando expandir, explorar e crescer. Queremos agir com confiança, e podemos ser exagerados e ousados.

CAPRICÓRNIO: A CABRA

- **22 de dezembro a 19 de janeiro (dependendo do ano e da hora)**
- **Elemento:** Terra
- **Polaridade:** Yin
- **Qualidade:** Cardinal
- **Regente:** Saturno
- **Corpo:** Sistema ósseo (dentes, joelhos) e pele
- **Casa associada:** Casa X
- **Palavras-chave:** Responsabilidade, perseverança, disciplina; conservadorismo, pessimismo, obstinação

Um signo de terra

Capricórnio é o décimo signo do zodíaco e o último dos três que compõem o elemento terra. Marca o início da última estação do ano no hemisfério Norte. Assim, é a última manifestação de energia yin da quadruplicidade cardinal.

Com este signo cardinal de terra, inauguramos o solstício de inverno no hemisfério Norte e transitamos nesse período com certo recolhimento e retração que, combinados com a vontade de liderança, ilustram bem o princípio arquetípico do signo.

♑

O símbolo e o mito

O traço do glifo é relacionado à figura de uma cabra ou de um bode, com uma cauda de peixe que se cria pela linha curva inferior da base. Capricórnio era geralmente representado com a metade superior do corpo em forma de cabra e a metade inferior com cauda de peixe, um símbolo que com o tempo se tornou menos conhecido, mas que define bem a natureza do signo e sua necessidade de abandonar as águas protetoras para alcançar o topo.

O Cronos grego ou Saturno romano, deus do tempo, é uma das representações mais destacadas da natureza de Capricórnio. Urano desterrava no Tártaro os filhos que gerava, por não suportar a feiura deles. Gea, cansada da situação, pediu ajuda ao filho Saturno para derrubar Urano. Assim, Saturno castrou o pai e depois acabaria assumindo o poder, mas, advertido de que seria destronado por um de seus herdeiros, devorava os filhos ao nascer. Então, o libertador se transformou em opressor.

Nesse mito encontramos muitas das lições que o tempo e a maturidade nos conferem, mas também das estruturas hierárquicas construídas, algo muito vinculado à realidade de Capricórnio.

Por outro lado, a cabra Amaltea amamentou Zeus. Ele, brincando feito criança com um de seus raios, quebrou um dos chifres da cabra e, tentando compensar o acontecido, conferiu poder ao chifre para que concedesse tudo o que desejasse a quem o possuísse. Nasceu assim a lenda da cornucópia, também vinculada ao signo da cabra.

O trabalho de Héracles associado a este signo é aquele em que ele deve libertar Prometeu. Para cumprir sua missão, deve vencer o guardião das portas do Hades, o Cão Cérbero.

Entre as amplas interpretações feitas sobre o mito, destaca-se a necessidade de enfrentar os próprios limites e se esforçar para alcançar o objetivo desejado, pois, para Capricórnio, o preço a pagar não é tão importante quanto a meta em si e a perseverança necessária para atingi-la.

O calendário

O décimo signo do zodíaco está estabelecido com o solstício de inverno no hemisfério Norte e de verão no hemisfério Sul. Da expansividade expressiva de Sagitário passamos à realidade estrutural de Capricórnio. A energia se contrai e, na entrada da estação, vela por preservar o que foi conquistado.

Se em Virgem (o signo de terra anterior) havia a adaptação a um contexto dado, em Capricórnio, como signo cardinal, exploramos a própria capacidade de decisão e iniciativa nesse contexto de realidade.

Se Câncer se relaciona tradicionalmente com a esfera íntima e com a mãe, Capricórnio, seu signo oposto, faz o mesmo com a esfera pública e com o pai. Estendido na Antiguidade àquela autoridade que na sociedade regulou as normas de comportamento e sua hierarquia.

Capricórnio aspira ao conhecimento tangível de uma realidade manifesta com a qual pode contribuir. Se Virgem enfatizava a adaptação ao sistema por meio do trabalho, a cabra está interessada em adquirir capacidade de decisão dentro da estrutura hierárquica em si.

Regido por Saturno, o último planeta conhecido por vários séculos, Capricórnio está vinculado ao limite necessário que toda estrutura deve contemplar para preservar seus fundamentos.

A estrutura, as normas e as formas de hierarquia social são áreas de interesse para este signo, propenso a buscar seu espaço de manobra em um quadro já estabelecido.

Arquétipo e personalidade

Capricórnio é o signo que aborda com maior profundidade o terreno da hierarquia social. Como já mencionado, estabelece com ela uma relação dual que, por um lado, acata as regras do jogo, mas, por outro, busca a capacidade de decisão dentro de sua estrutura.

A insegurança subjacente neste signo se transforma em uma vontade de liderança e capacidade de trabalho que toma consciência do esforço e da perseverança por trás da maioria das conquistas. Sua natureza hierárquica o faz respeitar as metas alcançadas ao longo dos anos e buscar a aprovação paterna por meio da inserção em uma estrutura social cujas normas tem interesse em conhecer.

O esforço, a responsabilidade e a perseverança são características comuns no arquétipo, e tudo o que Capricórnio tem de esforçado também tem de sóbrio e realista. Se Sagitário, como o primeiro dos últimos quatro signos, refletia sobre os princípios éticos, Capricórnio se concentra em tudo aquilo que pode ser posto em prática. O pragmatismo assume, neste signo, uma dimensão pessoal: o que vale a pena é aquilo a que se pode dar forma.

A seriedade atribuída ao signo muitas vezes decorre de sua aparente dificuldade em operar fora do prático e em se conectar com a expressão espontânea dos sentimentos, algo que resulta em grande parte da necessidade de buscar segurança em um ambiente de onde se espera certa validação. Daí o fato de a energia do signo operar de maneira mais harmônica conforme os anos passam.

Se Câncer se orientava para a segurança emocional, Capricórnio faz o mesmo no contexto social. Sua relação com as responsabilidades e com a sociedade em geral é a de quem coloca sua força de vontade a serviço de uma realidade da qual deseja participar ativamente, ampliando sua capacidade de iniciativa.

Forças

Disciplinado e responsável, Capricórnio tem grande habilidade para progredir no contexto social.

Esforçado e perseverante, tem um talento nato para agir de maneira decidida na realidade.

Realista e prático, dispensa quimeras irrealizáveis e se concentra em obter resultados tangíveis.

Discreto e sóbrio, não gosta de exageros e não se perde na busca por aplausos fáceis, sendo consciente da importância dos resultados.

Sagaz e determinado, sabe se movimentar no contexto social e entender as complexidades de sua hierarquia.

Ambicioso, paciente e resolutivo, prioriza habilidosamente a melhoria da realidade ao redor e se destaca nas longas jornadas.

Fraquezas

Controlador e rígido, tende a ter dificuldade para delegar e para conectar-se com a expressão espontânea dos sentimentos. A reputação de signo frio frequentemente se deve à vontade de estabelecer um controle rigoroso sobre tudo o que possa dificultar o alcance de seus objetivos.

Seu senso de realismo pode se transformar em pessimismo ou até mesmo em fatalismo, sobretudo quando o contexto em que atua não está claramente definido. Nesse caso, tende a questionar internamente a autoridade, embora, por seu caráter hierárquico, não costume manifestá-lo.

Conservador e tradicionalista, pode temer a ideia de não encontrar o caminho já estabelecido, o que costuma gerar uma visão estreita e dificuldade para improvisar.

Capricórnio no mapa natal

Todos manifestamos Capricórnio em algum lugar do mapa, e o espaço que ocupa sua energia necessita de estrutura e limites. Nesse campo, somos ambiciosos, mas também vivenciamos medos e inibições que encontram nas normas e na estrutura o caminho necessário para agir com segurança.

AQUÁRIO: O AGUADEIRO

- **20 de janeiro a 18 de fevereiro (dependendo do ano e da hora)**
- **Elemento:** Ar
- **Polaridade:** Yang
- **Qualidade:** Fixa
- **Regente:** Saturno e Urano
- **Corpo:** Panturrilhas, tornozelos e sistema circulatório
- **Casa associada:** Casa XI
- **Palavras-chave:** Inovação, idealismo, humanitarismo; utopia, erratismo, atitude contestadora

---

Um signo de ar

Aquário é o décimo primeiro signo do zodíaco e o terceiro do trio que compõe o elemento ar. Encontramo-nos diante de uma manifestação de energia yang que se estabelece na metade do inverno no hemisfério Norte, por isso é um signo de qualidade fixa. Depois da vontade de explorar e interrelacionar de Gêmeos e do impulso mediador de Libra, nos conectamos com Aquário com uma visão que busca uma compreensão mais global, pois é influenciado por Urano (planeta transpessoal).

A quadruplicidade fixa no elemento ar busca valores adequados para o conjunto da sociedade, o que leva a fazer dialogar (e, frequentemente, contrastar) a individualidade e a coletividade. Assim, esse debate está muito presente também no signo do aguadeiro.

♒

O símbolo e o mito

O glifo que o representa está originalmente associado ao movimento ondulante da água. Aqui, o aguadeiro remete à figura que transportava a água por várias regiões. Atualmente, é um conceito que se extrapola para qualquer tipo de onda que conecte ideias.

Em relação à mitologia clássica, como aponta Richard Tarnas em *Cosmos y Psique* (tema que abordaremos ao falar de Urano), este arquétipo astrológico está mais relacionado com Prometeu do que com Urano. De fato, este primeiro titã é a figura mitológica mais representativa de Aquário. Segundo a história, Prometeu roubou o fogo dos deuses para entregá-lo à humanidade e foi punido por isso.

O mito de Pandora, por sua vez, mostra aspectos da mesma temática. Pandora, casada com Epimeteu, irmão de Prometeu, recebeu como presente de casamento dos deuses uma caixa com a instrução de não abri-la sob nenhuma circunstância. A curiosidade levou Pandora a abri-la, e, com isso, todos os males da humanidade se libertaram, restando nela a esperança, o único aspecto benigno que continha.

Ambos os mitos, interligados, falam da necessidade de Aquário de fazer a humanidade evoluir, muitas vezes quebrando a ordem estabelecida. Deve-se ler o arquétipo, ligado ao desenvolvimento coletivo, com esse olhar.

O trabalho de Hércules associado a este signo é o dos estábulos de Augias. O herói deveria limpar os estábulos e, em troca, obter uma recompensa. Ele conseguiu limpá-los desviando o curso dos rios Alfeu e Peneu, e os estábulos ficaram limpos. O rei se recusou a dar qualquer recompensa alegando que foi a água que fez a limpeza, não ele.

No episódio mencionado, também estão presentes muitas das características deste signo, cuja parte luminosa está relacionada ao servir desinteressado e ao bem comum.

Arquétipo e personalidade

Até a descoberta de Urano, Aquário tinha um único regente: Saturno. Em 1781, a descoberta do planeta e o auge científico deram à simbologia do signo novos matizes, pois alteraram a ordem estabelecida até então, na qual Saturno era o limite do Sistema Solar. Simbolicamente, muito disso é refletido no arquétipo de Aquário, que está relacionado com a visão de futuro que leva a humanidade a ir além do estabelecido, ultrapassando limites e, assim, construindo o futuro.

No aguadeiro encontramos os dois modelos de personalidade: um mais conectado com a ação livre que, longe das convenções, busca se harmonizar com a inovação (chamemos isso de personalidade uraniana), e outro que incorpora a dimensão mais saturnina e busca manter certos ideais imutáveis. Não devemos esquecer que, como signo fixo de ar, Aquário pode ter tendência a querer "fixar" ideias, tornando-as verdades universais ou eternas.

O signo do aguadeiro representa, assim, a culminação no aprendizado do social, como o terceiro signo de ar que é. No entanto, entre o coletivo e a individualidade, tende a vivenciar um conflito muito característico do eixo que estabelece com Leão, seu signo oposto e complementar. Se para o Leão éramos a expressão individual do que está no centro, para Aquário somos aquilo que orbita ao redor. Se no extremo do leonino temos o egocentrismo, no extremo do aquariano encontramos a excentricidade, dois polos que configuram parte da natureza de um signo que deve fazer dialogar o individual e o coletivo.

Se em Capricórnio a energia tomava forma e se estruturava, em Aquário ela se libera.

Forças

Inventivo e original, o signo do aguadeiro é afinado com o progresso e tem aptidão para a visão de futuro.

De natureza independente, é avesso às convenções que limitam a expressão humana.

Inteligente e interessado no social, busca se conectar com ideias que ajudem o coletivo a dar um passo adiante.

Humanitário e idealista, tenta manter uma visão desapegada da realidade, o que lhe permite zelar pelo bem de todos.

Fraquezas

Utópico e errático, pode ter dificuldade para concretizar sua visão de mundo no contexto dado e tende a contrariar por inércia.

Obstinado e dogmático, o signo fixo de ar pode se apegar em excesso às próprias ideias e é mais difícil de sentir empatia com outras perspectivas.

Desapegado e pouco passional, tende a demonstrar certa inacessibilidade, especialmente por sua inclinação mais mental do que emocional.

Excêntrico e ao mesmo tempo gregário, costuma viver conflitos entre a vontade de pertencer e o desejo de agir de maneira independente.

Aquário no mapa natal

Todos manifestamos Aquário em algum lugar do mapa. No espaço onde sua energia se expressa, podemos enfrentar imprevistos. Internamente, tendemos a buscar liberdade de ação e anseio por explorar novas formas além do que é estabelecido pelas convenções.

PEIXES: OS PEIXES

- **19 de fevereiro a 20 de março (dependendo do ano e da hora)**
- **Elemento:** Água
- **Polaridade:** Yin
- **Qualidade:** Mutável
- **Regente:** Júpiter e Netuno
- **Corpo:** Pés e sistema linfático
- **Casa associada:** Casa XII
- **Palavras-chave:** Intuição, empatia, imaginação; indolência, autodestruição, escapismo

Um signo de água

Peixes é o último signo do zodíaco e o terceiro dos que compõem o elemento água.

Este signo marca o fechamento da roda zodiacal e se conecta novamente com o início, representado por Áries, em sua estrutura circular. Com o signo mutável de água, ligamos o fim do inverno ao começo da primavera no hemisfério Norte e o fim do ciclo zodiacal ao renascimento.

O símbolo e o mito

O glifo que representa Peixes tem sido sujeito a várias interpretações, mas está principalmente relacionado com a imagem de dois peixes nadando em direções opostas e unidos por uma linha que lembra um cordel. O símbolo pode ser interpretado a partir da natureza dual do signo, que une o fim com o começo e o consciente com o inconsciente.

O peixe como símbolo foi frequentemente usado pelos cristãos. O denominado *Ichtys* (ou Ichtus) permitia que se identificassem clandestinamente em um mundo ainda predominantemente pagão. Os apóstolos como pescadores e o milagre dos pães e dos peixes podem ser a origem dessa iconografia. A própria figura de Jesus Cristo em sua vertente de salvador e redentor também está relacionada a esse signo.

Fora do cristianismo, podemos vincular Peixes às sereias, as Nereidas e aquelas formas de fantasia marítima que diluem as fronteiras do real.

Dioniso, deus do vinho, com sua natureza mística, mas ancorada na realidade, remete à constituição dual que caracteriza esse signo. Poseidon, deus dos mares, é outra das divindades associadas a esse arquétipo. Netuno, sua versão romana, deu nome ao planeta que rege esse signo.

O trabalho de Héracles que simboliza a realidade mítica de Peixes é a captura dos bois de Gerião, o monstro de três corpos unidos. Essa criatura tem sido interpretada como a união dos corpos físico, mental e emocional, que aprisiona o ego humano. No mito, Héracles atuaria como o libertador desse cativeiro ao derrotá-lo.

O calendário

O último signo do zodíaco ocupa o fim do inverno no hemisfério Norte e, ao mesmo tempo, se conecta com o renascimento típico da primavera. Assim, com o signo dos peixes, completamos o percurso pela roda zodiacal.

Peixes recebe a energia estruturada em Capricórnio e liberada em Aquário para voltar a constituir o todo que precede o início. Se com Aquário transcendemos a estrutura a um primeiro nível e nos identificamos com o grupo social, com Peixes dissolvemos a forma e exploramos a água desde a dimensão de interconectividade que tudo une. Já não há identificação com o grupo, mas com o universo em si. Aqui, o elemento funde suas partes para lembrar que, apesar de estarmos separados, somos porções de um todo. Esse é o vínculo do signo com o inconsciente, sobretudo o coletivo.

Se com Virgem, o signo oposto, compreendíamos as peças que compõem o mecanismo de algo maior, com Peixes nos centramos na consciência de um conjunto fundido que não distingue entre suas partes.

Câncer, como primeiro signo de água, delimita o cerco para diferenciar os seus do resto; Escorpião se conecta pela primeira vez com a realidade transcendental; em Peixes, a energia se perde nessa realidade transcendental e funde o individual que nos separa antes do novo renascimento.

Da mesma forma que o início da primavera de Áries marca o impulso autoafirmativo que dá origem ao nascimento do indivíduo, o final do inverno, que é quando percorremos Peixes no hemisfério Norte, se conecta com a transcendência do individual para unir novamente as partes no todo do qual emergiram.

Arquétipo e personalidade

O terreno dos peixes é um espaço de receptividade que marca a dissolução do próprio ego. Por isso, é frequente que a energia do signo não esteja interessada em se definir ou ser algo em particular, o que pode levar a atitudes que tentam compensar a sensibilidade evitando a própria realidade. Na ideia de unidade está uma das chaves para definir as características do signo, razão pela qual no arquétipo encontramos a dimensão espiritual que transcende a natureza do indivíduo.

A dualidade dos peixes que nadam em direções opostas pode ser lida como duas naturezas antagônicas que tentam integrar o princípio da transcendência com as normas que regem o mundo tangível. O conflito entre o ser e o não ser integrado em um quadro de realidade que exige a definição pode se manifestar de duas maneiras.

Por um lado, na vertente inconsciente da energia, encontraremos a passividade de quem, assumindo ser parte do conjunto, decide não agir e se deixa levar pelo fluir das circunstâncias, silenciando a própria vontade ou optando por um escapismo frequentemente autodestrutivo. Nessa vertente, também encontramos o vitimismo típico de quem, ao se recusar a decidir, vê a si como alguém que está à mercê das eventualidades.

Por outro lado, a dimensão mais consciente da energia nos levará ao impulso de nos conectarmos com a espiritualidade do que nos transcende, a intervir em um processo que, em vez de agir a partir da passividade, colocará sua capacidade psíquica e empatia a serviço do mundo tangível.

O signo dos peixes evolui, portanto, quando deixa de se ver sobrecarregado por sua capacidade perceptiva, refugiando-se no escapismo, e toma consciência das múltiplas possibilidades de um universo no qual também pode intervir ativamente.

Forças

Intuitivo e psíquico, tem grande capacidade de perceber as forças sutis que operam sob a realidade aparente.

Imaginativo e criativo, mostra habilidade para o artístico quando coloca suas capacidades a serviço da expressão.

Empático e sensível, sabe se colocar no lugar dos outros em virtude da dificuldade de perceber os limites próprios do último signo.

Espiritualizado, generoso e humilde, em sua vertente luminosa percebe a individualidade como uma ilusão que nos separa da unidade da qual viemos.

Fraquezas

Passivo e indolente, corre o risco de anular sua própria vontade e se deixar levar pela corrente.

Caótico, confuso e impressionável, encontra dificuldade para construir os limites necessários para agir na realidade.

Escapista, vitimista e negligente consigo mesmo, pode se considerar vítima das circunstâncias e fugir das responsabilidades tentando escapar da realidade.

Peixes no mapa natal

Todos manifestamos a energia de Peixes em alguma área do mapa natal. O local onde se expressa esse signo é uma área onde podemos sentir certa confusão, falta de controle ou dificuldade para definir. Tendemos a sentir uma espécie de névoa que dificulta controlar esse aspecto, e podemos oscilar entre a necessidade de nos deixar levar, a falta de realismo e a vontade de sobrecompensar a sensação de indefinição, o que nos torna mais rígidos.

CAPÍTULO 4

OS AGENTES

OS PLANETAS E SUA NATUREZA

OS ARQUÉTIPOS PLANETÁRIOS SÃO OS AGENTES que intervêm no contexto. Cada um deles está vinculado a determinados traços energéticos. Sua presença e interação configuram a psique e os ciclos vivenciados. Eles se dividem em quatro grandes grupos: os luminares, os planetas pessoais, os planetas sociais e os planetas transpessoais.

Cada um desses agentes estabelece com o contexto diferentes tipos de relação. O quadro a seguir mostra as dignidades próprias da visão humanista.

- **Domicílio.** O planeta se encontra em sua casa natural, localizada no signo que rege. É uma posição harmônica.
- **Exílio.** O planeta está na casa do signo oposto ao que rege. É uma posição desconfortável, na qual entram em jogo naturezas muito distintas. A expressão das qualidades intrínsecas do planeta é dificultada.
- **Exaltação.** Os traços do planeta podem se expressar com maior influência e força.
- **Queda.** No signo oposto à exaltação, o planeta enfraquece e tem dificuldade para mostrar sua natureza.

— *Dignidades planetárias* —

		DOMICÍLIO	EXÍLIO	EXALTAÇÃO	QUEDA
☉	SOL	Leão	Aquário	Áries	Libra
☽	LUA	Câncer	Capricórnio	Touro	Escorpião
☿	MERCÚRIO	Gêmeos Virgem	Sagitário Peixes	Aquário	Leão
♀	VÊNUS	Touro Libra	Escorpião Áries	Peixes	Virgem
♂	MARTE	Áries Escorpião	Libra Touro	Capricórnio	Câncer
♃	JÚPITER	Sagitário Peixes	Gêmeos Virgem	Câncer	Capricórnio
♄	SATURNO	Capricórnio Aquário	Câncer Leão	Libra	Áries
♅	URANO	Aquário	Leão	–	–
♆	NETUNO	Peixes	Virgem	–	–
♇	PLUTÃO	Escorpião	Touro	–	–

OS LUMINARES

O Sol e a Lua foram os primeiros astros observados e analisados sob uma perspectiva simbólica. Dia e noite, ouro e prata, consciente e inconsciente: esses são alguns dos exemplos gráficos das características atribuídas a uma polaridade que, na astrologia, constitui dois pilares da identidade.

☉

O SOL: EU SOU, EU ME MANIFESTO

- **Polaridade:** Yang
- **Domicílio:** Leão
- **Exílio:** Aquário
- **Exaltação:** Áries
- **Queda:** Libra
- **Corpo:** Sistema cardiovascular, sistema circulatório e glândula timo
- **Palavras-chave:** Identidade, individualidade, vitalidade, impulso criativo, pai, autoexpressão, reconhecimento, consciência, potencial

---

O Sol na astronomia

Do ponto de vista da astronomia, o Sol é a fonte de luz ao redor da qual orbitam os corpos celestes do sistema solar. É o astro de maior tamanho e a estrela mais próxima da Terra. Sua gravidade mantém o sistema solar unido, e sua luz, fonte de calor, permite a vida.

No hemisfério Norte, o solstício de inverno marca o momento de maior proximidade entre a Terra e o Sol, e o solstício de verão, o de maior distância. As estações, portanto, não dependem da proximidade da Terra em relação ao Sol, mas da inclinação do eixo do nosso planeta em relação a ele.

Como tantas outras fontes de energia, o Sol tem um tempo de vida limitado. Em seus 4,5 bilhões de anos, ele consumiu quase metade do hidrogênio de seu núcleo, e estima-se que se extinguirá em cerca de 5 bilhões de anos.

O Sol simbólico

O glifo que representa o Sol é composto por um ponto central rodeado por um círculo. O ponto foi interpretado como a semente da expressão individual, e o círculo, como a demonstração daquilo que se estende além dele e remete ao todo.

O chamado astro rei teve múltiplas interpretações simbólicas ao longo da história das civilizações. Para citar algumas delas: no Antigo Egito, Rá é um dos deuses ligados a ele, assim como o deus sumério Utu ou o deus do Sol inca, Inti; o Inca (ou imperador) era considerado descendente deste no império inca, e na mitologia grega o deus mais relacionado ao arquétipo solar é Apolo (filho de Zeus e irmão gêmeo de Ártemis), deus do Sol, da luz, da música e da medicina, entre outras atribuições.

O Sol foi interpretado como a força motriz que rege a vida, que confere vitalidade a si mesma, a mantém e alcança todos os cantos do planeta. A esse arquétipo yang foram atribuídas a consciência e a clareza, e foi vinculado à orientação que permitia iluminar o caminho com seus raios. Além disso, em várias tradições, a figura de máxima autoridade de uma comunidade foi associada à representação humana de sua energia na Terra.

O Sol na astrologia

Descrito como de natureza seca e ardente, na astrologia ocidental o Sol é frequentemente interpretado como o centro da personalidade. Essa visão com frequência reduz o mapa natal à simbologia do signo que ocupa.

Sua leitura obedece à simplificação das características desse astro, que está relacionado com o processo de individuação, a consciência, o eu, o ego e com a essência pessoal em si mesma. Além disso, simbolicamente incentiva a traçar um caminho em direção à autoexpressão, e nas relações familiares também é associado ao pai do nativo e ao marido.

No Sol vemos, em linhas gerais, a força vital que manifesta aquela noção de identidade única, a irradiação de um indivíduo que encarna o princípio criativo que o diferencia do todo. Com seu caminho particular, o Sol lembra o direito de se manifestar como um indivíduo vivo e único, pois essa é sua própria expressão vital.

O Sol e os signos

Na linguagem astrológica, a natureza solar está vinculada à essência do signo em si. Para essa finalidade, você pode consultar a descrição exposta anteriormente em cada um dos signos do zodíaco.

O Sol e as casas

A posição do Sol em relação a cada casa influenciará a análise do mapa. Você encontrará na seção referente às casas uma descrição de cada uma das posições.

O Sol e os aspectos

Sua interação com os demais planetas no mapa natal permitirá avaliar a relação que ele estabelece com o conjunto. Você pode consultar a seção *Os aspectos e a interação entre os planetas* para mais informações.

☽

A LUA: EU SINTO, EU PRECISO

- **Polaridade:** Yin
- **Domicílio:** Câncer
- **Exílio:** Capricórnio
- **Exaltação:** Touro
- **Queda:** Escorpião
- **Corpo:** Estômago, seios e sistemas digestivo e linfático em geral
- **Palavras-chave:** Necessidades emocionais, intimidade, proteção, segurança, mãe, inconsciente, noite

---

A Lua na astronomia

Do ponto de vista da astronomia, a Lua é o satélite da Terra e orbita ao seu redor, passando por fases definidas conforme a perspectiva terrestre e em relação ao Sol. Embora existam fases intermediárias, seu ciclo pode ser resumido em quatro grandes estágios: lua nova, quarto crescente, lua cheia e quarto minguante. Esse astro completa uma volta ao redor da Terra e, portanto, do zodíaco a cada 27 dias, 7 horas, 43 minutos e 11,5 segundos. Ela permanece em cada signo por cerca de 2,3 dias.

Além de ser cientificamente comprovado que sua força gravitacional afeta as marés, também foram estabelecidas conexões entre ela e o ciclo menstrual ou os estados de ânimo. Algumas hipóteses chegam a afirmar que sua influência impacta a produção de neurotransmissores no cérebro ou a relaciona com o fato de que o corpo humano é formado em sua maior parte por água.

A Lua simbólica

A Lua, flutuante e cíclica, foi associada ao feminino, ao maternal, ao inconsciente e ao emocional. Ao mesmo tempo, a noite foi interpretada como expressão da desorientação causada pela falta de clareza e como o contexto adequado para que emergissem as forças enterradas no inconsciente.

O deus mesopotâmico da Lua, Sin, os deuses egípcios Iah ou Jonsu e Mama Quilla, da mitologia inca, são alguns exemplos de como esse astro foi personificado desde civilizações antigas. Além disso, na mitologia grega, Artemisa, Selene e Hécate configuraram, por sua vez, a tríade lunar correspondente à lua crescente, lua cheia e lua minguante, respectivamente. As quatro grandes fases lunares (adicionando a lua nova às três anteriores) também foram interpretadas como estágios cíclicos de um astro que, embora mude com frequência, repete inalteravelmente os mesmos estágios em seu percurso.

A Lua na astrologia

Definida como de natureza úmida e fria, a Lua está intimamente relacionada ao campo emocional. Sua interpretação é inseparável de conceitos como segurança, proteção, inconsciente e nutrição. Aqui, é importante entender a nutrição de modo literal, já que ela está principalmente associada à dimensão emocional, mas também à comida. A Lua manifesta muito sobre aquelas necessidades que devemos satisfazer para nos sentirmos seguros.

Se o arquétipo solar está vinculado ao consciente, a Lua está associada ao inconsciente. Ela remete a uma dimensão conectada à infância, onde vemos muito de nossa própria mãe e do vínculo estabelecido com ela, mas também de nossa criança interior e de suas necessidades. Por isso as reações emocionais são condicionadas por uma influência que frequentemente opera longe do nosso controle.

O mecanismo lunar tem uma influência notável em nossa capacidade de estabelecer uma relação harmônica com o outro e deve ser especialmente considerado nas relações de intimidade.

Compreender a Lua na astrologia é buscar consciência sobre aquelas necessidades que nos conectam ou nos afastam dos outros.

A Lua e os elementos

Cada um dos elementos manifesta princípios energéticos distintos, como vimos anteriormente. Partindo dessa premissa, podemos estabelecer quatro grandes grupos com base no elemento no qual a Lua se encontra.

Lua em signos de fogo

De natureza vivaz, espontânea e expansiva, a Lua no elemento fogo demonstra uma tendência natural à ação e certa dificuldade em lidar com limites e restrições. Além disso, precisa explorar o ambiente de maneira apaixonada, evitando que sua chama de vida se apague.

Energética e impetuosa, age de maneira externa, muitas vezes pecando por uma impulsividade que rejeita a contenção.

★ **Lua em Áries:** Rápida e reativa, essa Lua inclina o nativo a resistir a qualquer obstáculo à sua expressão. A conduta adulta reflete uma infância em que foi necessário agir rapidamente para se proteger de intrusões externas, frequentemente em conflito com uma figura materna percebida como invasiva. Essa Lua tende a se expressar de maneira impulsiva, às vezes até temerária, drenando sua energia no processo.

A necessidade de defender seu espaço de expressão é característica de um sistema emocional que busca autoafirmação.

★ **Lua em Leão:** Orgulhosa, calorosa e alegre, essa Lua busca ser reconhecida pelos outros. Sua conduta adulta é moldada por uma infância em que, de alguma forma, foi transmitida a importância do amor-próprio. Seja ou não o centro das atenções na família, ela necessita de validação para se sentir segura.

Criativa, generosa e leal, irradia uma energia espontânea semelhante à infantil e valoriza profundamente a dignidade pessoal.

★ **Lua em Sagitário**: Vital, otimista, expansiva, sincera e exploradora, essa Lua frequentemente busca entender o mundo em todas as suas manifestações. A conduta adulta reflete uma infância em que encontrou refúgio emocional nos pensamentos positivos, o que pode gerar conflitos quando evita encarar a realidade em sua totalidade.

Lua em signos de água

De natureza sensível, a lua no elemento água sente a necessidade de obter uma resposta emocional do ambiente.

Trocar sentimentos é a maneira que ela tem de se sentir conectada com os outros. Por isso, precisa estabelecer laços que lhe permitam sentir uma conexão emocional capaz de diluir as barreiras com o restante. Ela se sente atraída por esse vínculo construído a partir do afeto, evitando a sensação de isolamento que pode surgir quando não há uma resposta emocional.

★ **Lua em Câncer:** de natureza afetuosa, a Lua em Câncer precisa sentir o conforto dos vínculos íntimos. Familiaridade, intimidade e confiança são essenciais para que consiga se expressar sem inibições, daí a importância dos laços criados com os seus.

O padrão de comportamento na vida adulta é resultado de uma infância em que se fixou a necessidade de proteção. Em outras palavras, essa Lua pode ser resumida em dois conceitos: cuidar dos outros e ser cuidada. Por isso, manifesta uma natureza que teme o abandono.

★ **Lua em Escorpião:** Profunda, intuitiva, leal e inquisitiva, tende a ter dificuldade para expressar sua intimidade, muitas vezes como meio de autoproteção, mas também para manter sob controle sua própria intensidade. Compulsão, possessividade, controle e ciúme podem estar presentes, assim como a renúncia a vínculos que despertem emoções, frequentemente por medo de não conseguir controlá-las. Seu padrão de comportamento na vida adulta é resultado de uma infância em que se fixou a ideia de que a intimidade poderia representar riscos incômodos para sua vulnerabilidade.

Ao iluminar seus processos internos, pode alcançar uma compreensão mais profunda do outro e potencializar sua notável força para sustentar situações de grande intensidade emocional.

★ **Lua em Peixes:** Empática, intuitiva, psíquica e abnegada, a Lua em Peixes tem uma enorme capacidade de captar o sofrimento alheio. Sensível às necessidades dos mais vulneráveis e disposta a servir, precisa evitar assumir o papel de salvadora e, ao mesmo tempo, aprender a cultivar sua força interior para não absorver constantemente as influências do ambiente. Isso lhe permitirá se proteger e evitar uma sobrecarga emocional que possa levar ao escapismo ou ao vitimismo.

Seu padrão de comportamento na vida adulta é resultado de uma infância em que foi difícil estabelecer limites claros, especialmente entre suas próprias emoções e o mundo ao redor.

Lua em signos de terra

De natureza prática, conservadora e sensata, a Lua no elemento terra tende ao pragmatismo, com dificuldade para improvisar. Busca gerir recursos com realismo e alcançar a segurança necessária para a sobrevivência. Contudo, esse realismo pode levar a um impulso conservador que prejudica a espontaneidade.

- ★ **Lua em Touro:** Atraída pela estabilidade, a Lua em Touro precisa cultivar segurança para se sentir emocionalmente satisfeita. Além disso, com sua natureza sensorial, busca o conforto e aprecia prazeres como a comida, o contato com a natureza e tudo o que pode ser experimentado pelos sentidos.

  Também necessita de generosas demonstrações físicas de afeto, e em suas relações podem surgir traços de possessividade e ciúme. Como tem uma reação emocional mais lenta, tende a permanecer em determinadas situações por mais tempo do que gostaria, desde que elas lhe proporcionem a estabilidade desejada.

  Seu padrão de comportamento na vida adulta é resultado de uma infância marcada pela conexão com o corpo e pela sensação de nutrição, aprendendo a perceber a vida como um lugar seguro quando essas necessidades eram atendidas.

- ★ **Lua em Virgem:** Reservada e analítica, a Lua em Virgem valoriza a ideia do servir sob uma perspectiva prática, com foco nos detalhes. Sua insegurança gera atitudes contidas e certa inibição, o que frequentemente a inclina a um olhar crítico em geral — e autocrítico em particular.

  Saúde e higiene são temas recorrentes nesse arquétipo, que sente a necessidade de organizar não apenas seu ambiente externo, mas também suas emoções — o que pode comprometer a espontaneidade de sua expressão emocional.

  Seu padrão de comportamento na vida adulta é resultado de uma infância em que aprendeu a contribuir para o sistema social com uma postura modesta.

- ★ **Lua em Capricórnio:** Dedicada, disciplinada, comprometida, séria, frugal e ambiciosa, a Lua em Capricórnio busca frequentemente segurança emocional por meio da realização social. Seu olhar prático e estratégico ganha aqui uma dimensão predominante, pois deseja alcançar uma posição estável na sociedade para superar o medo da escassez.

  Seu padrão de comportamento na vida adulta é resultado de uma infância em que aprendeu a importância de não expressar suas necessidades para conseguir suprir a si mesma.

Lua em signos de ar

De natureza comunicativa e sociável, a Lua no signo de ar manifesta uma tendência natural à interação e uma necessidade de compreender a realidade social ao redor. Assim, precisa trocar perspectivas e se relacionar para entender o mundo a partir de sua interconectividade.

Racional e curiosa, busca compreender o mundo e se expressar, fugindo frequentemente de qualquer forma de isolamento.

- ★ **Lua em Gêmeos:** Versátil e curiosa, a Lua em Gêmeos precisa compreender as emoções e comunicá-las. Seu olhar inquieto e questionador pode ser tão ávido por respostas e troca quanto inconstante, preferindo explorar em vez de se comprometer com uma única realidade.

  A necessidade de se distanciar da intensidade emocional para se concentrar na racionalização surge, muitas vezes, do medo de ficar presa ao nervosismo que sente quando não consegue entender logicamente o que está acontecendo. Assim, seu padrão de comportamento na vida adulta é resultado de uma infância em que aprendeu a obter segurança emocional ao compreender e comunicar as próprias emoções.

- ★ **Lua em Libra:** De natureza diplomática, a Lua em Libra valoriza profundamente a cordialidade em seus relacionamentos. Sua sociabilidade e habilidade para interações sociais encontram na gentileza o meio ideal de expressão.

Por outro lado, o medo do confronto e a busca pelo comprometimento com o outro são traços característicos desse arquétipo, que coloca grande ênfase nas relações interpessoais. A expressão direta das emoções pode ser prejudicada pela necessidade de preservar a harmonia nas interações.

Seu padrão de comportamento na vida adulta é resultado de uma infância em que aprendeu a importância de manter as aparências e preservar as formas.

★ **Lua em Aquário:** Independente e amigável, a Lua em Aquário tende a ter uma visão mais distante e abrangente da realidade. Embora tenha facilidade para interações em grupo, pode sentir mais resistência ao estabelecer laços de intimidade.

Amante da liberdade, pode se afastar ou desaparecer quando sente que uma relação está restringindo sua livre expressão. Seu desapego característico nasce da necessidade de explorar uma realidade mais coletiva do que individual.

O padrão de comportamento na vida adulta dessa Lua é resultado de uma infância em que aprendeu a evitar o contato emocional profundo para se proteger da dor que isso poderia causar, adotando assim uma abordagem racional e ampliando sua perspectiva para enxergar o todo.

A Lua e as Casas

A posição da Lua em cada casa influenciará a análise de sua presença no mapa. No capítulo dedicado às casas, você encontrará a descrição de cada uma das posições.

A Lua e os aspectos

A interação da Lua com os demais planetas no mapa natal permitirá avaliar a relação que estabelece com o conjunto. Você pode consultar informações detalhadas no capítulo referente aos aspectos.

OS PLANETAS PESSOAIS

Mercúrio, Vênus e Marte compõem os chamados planetas pessoais e são os astros de movimento mais rápido depois dos luminares. Eles se manifestam diariamente em nossas relações e permitem abordar diferentes aspectos da personalidade do nativo.

☿

MERCÚRIO: EU PENSO, EU COMUNICO

- **Polaridade:** Neutro, dual
- **Domicílio:** Gêmeos, Virgem
- **Exílio:** Sagitário, Peixes
- **Exaltação:** Aquário
- **Queda:** Leão
- **Corpo:** Cérebro, sistema nervoso central, glândula tireoide e mãos

---

Mercúrio na astronomia

Mercúrio é o planeta mais próximo do Sol e o menor em massa. Seu período de rotação é de 57,8 dias, e o de translação, 88 dias.

Acredita-se que o fato de parecer errar de um lado para o outro, do ponto de vista terrestre, tenha influenciado na escolha do nome Mercúrio (o equivalente romano do Hermes grego).

Mercúrio simbólico

Mercúrio, na mitologia romana, ou Hermes, na grega, era filho de Júpiter (Zeus na Grécia).

Representado com pés alados, era o mensageiro dos deuses e o patrono dos viajantes, do comércio, da astúcia, do engenho, dos pastores, das fronteiras e, também, dos mentirosos e trapaceiros. Caracterizado como um orador habilidoso, está ligado ao arquétipo do "deus da trapaça" (o *trickster*).

Sua representação inclui um semicírculo na parte superior, relacionado à mente humana; um círculo central, vinculado ao espírito divino; e uma cruz, associada à matéria.

Mercúrio na astrologia

A pequena distância entre Mercúrio e o Sol (sua elongação nunca ultrapassa 28 graus) reflete, em seu arquétipo, parte de seu significado.

De natureza neutra, seca e fria, Mercúrio está associado ao pensamento, à comunicação, à maneira como transmitimos informações ao mundo e as processamos, além do tipo de ideias e preocupações que temos. Na astrologia, sua natureza abrange pensar, falar, escrever, aprender e, em geral, comunicar.

Como já mencionado, cada elemento manifesta princípios energéticos distintos, e Mercúrio, posicionado em cada um deles, permite identificar quatro grandes grupos.

Mercúrio em signos de fogo

A espontaneidade caracteriza a manifestação de Mercúrio ligado à extroversão e à capacidade autoexpressiva.

- ★ **Mercúrio em Áries:** Decidido, rápido e objetivo, tende a ir direto ao ponto e evita rodeios. Precisa moderar a veemência e a impulsividade, especialmente para não se arrepender do que diz.
- ★ **Mercúrio em Leão:** Expansivo, criativo e caloroso, expressa opiniões com facilidade. Tem talento para comunicar de forma magnética e carismática, mas deve conter a arrogância e a necessidade de monopolizar a atenção.
- ★ **Mercúrio em Sagitário:** Otimista, expansivo, honesto e aberto, busca o sentido das coisas. Inclina-se ao estudo e a uma visão filosófica, mas precisa controlar a falta de tato e o fanatismo.

Mercúrio em signos de água

Empatia, sensibilidade e intuição caracterizam a manifestação de Mercúrio receptivo às percepções sutis.

- ★ **Mercúrio em Câncer:** Emocional, receptivo, intuitivo e imaginativo, tem grande capacidade de recordar momentos vividos por meio de sensações. Tem excelente memória e atração pelo passado, mas deve moderar o excesso de subjetividade.
- ★ **Mercúrio em Escorpião:** Inquisitivo e profundo, tem facilidade para desvendar o que está por trás das aparências. Atrai-se pelo oculto e aprofunda-se com habilidade, mas precisa conter obsessões, desconfianças e atitudes mordazes.
- ★ **Mercúrio em Peixes:** Intuitivo, empático e imaginativo, tira conclusões mais pela intuição e pela visão de conjunto do que pela lógica. Compreende verdades que transcendem o racional e é empático com outras perspectivas, mas deve conter a indecisão e a confusão.

Mercúrio em signos de terra

De natureza prática e realista, em signos de terra Mercúrio prefere a concretude à fantasia ou ao pensamento abstrato.

- ★ **Mercúrio em Touro:** Prático, paciente e com tendência ao senso comum, esse posicionamento busca concretizar ideias e dar-lhes forma tangível, em vez de divagar. Literal e de processamento lento, deve moderar a teimosia.
- ★ **Mercúrio em Virgem:** Analítico, organizado e metódico, Mercúrio em Virgem é habilidoso em perceber detalhes e discernir as partes de um todo. Deve moderar a crítica e evitar se perder em minúcias.
- ★ **Mercúrio em Capricórnio:** Perspicaz, realista, disciplinado e metódico, é habilidoso na organização e determinado na execução de objetivos a longo prazo. Embora tenha senso de humor, em algumas situações precisará suavizar sua expressão excessivamente seca.

Mercúrio em signos de ar

Em signos de ar, Mercúrio assume um caráter particularmente racional, curioso, sociável, inquieto e comunicativo.

- **Mercúrio em Gêmeos:** Criativo, versátil e ágil, destaca-se pela rapidez mental e pela habilidade comunicativa. Deve evitar a inconstância e trabalhar no comprometimento com suas ideias.
- **Mercúrio em Libra:** Equilibrado e diplomático, esse posicionamento aprimora a capacidade comunicativa nas relações. Busca harmonia ouvindo diferentes perspectivas e tem habilidade para considerar todas as opções, mas deve evitar a indecisão.
- **Mercúrio em Aquário:** Pensador livre e inovador, Mercúrio em Aquário tem facilidade para captar a realidade como um todo e observar o panorama geral a partir de uma perspectiva ampla. Deve evitar o excesso de racionalização e o distanciamento.

Mercúrio nas casas

A posição de Mercúrio em cada casa influenciará a análise de sua presença no mapa. No capítulo referente às casas, você encontrará uma descrição de cada uma das posições.

Mercúrio e os aspectos

A interação de Mercúrio com os outros planetas no mapa natal permitirá avaliar a relação que estabelece com o conjunto. Informações detalhadas podem ser encontradas no capítulo dedicado aos aspectos.

♀

VÊNUS: EU DESEJO, EU AMO

- **Polaridade:** Yin
- **Domicílio:** Touro, Libra
- **Exílio:** Escorpião, Áries
- **Exaltação:** Peixes
- **Queda:** Virgem
- **Corpo:** Garganta, glote, timo, sentido do tato, região lombar, rins, paratireoides

Vênus na astronomia

Vênus é o astro mais brilhante depois do Sol e da Lua e, apesar de estar mais distante do Sol do que Mercúrio, tem a atmosfera mais quente do Sistema Solar devido à sua composição de gases do efeito estufa, que retêm uma grande quantidade de calor.

Do ponto de vista terrestre, nunca está a uma elongação maior que 48° do Sol, move-se 1°10' diariamente e completa uma volta a cada 224 dias.

Vênus simbólico

A Vênus romana (Afrodite grega) é a figura mitológica mais associada ao princípio manifestado por este planeta na astrologia. A deusa do amor, da sensualidade, da fertilidade e da beleza, entre outros conceitos, reflete a essência da interpretação astrológica de sua influência.

O planeta é simbolizado por um círculo central, ligado ao espírito divino, que repousa sobre uma cruz, associada à matéria. Posteriormente, esse símbolo foi adotado como representação do princípio feminino.

Vênus na astrologia

Descrito na astrologia tradicional como um planeta moderadamente quente e úmido, esses dois princípios revelam parte de seu significado.

É fácil relacionar Vênus ao amor ao pensar que somente em um meio quente e úmido a vida humana pode surgir. Assim, Vênus representa qualidades como o afeto, os gostos pessoais, a simpatia, a beleza, a arte, o impulso relacional e o prazer em geral. Também está associado ao aspecto financeiro, considerado um valor necessário para desfrutar de prazeres terrenos.

A capacidade de amar, valorizar o outro, relacionar-se e trocar afeto faz parte das características dessa influência harmonizadora, orientada principalmente ao prazer e às relações.

Vênus em signos de fogo

Como princípio energético, Vênus busca relações harmoniosas, enquanto o elemento fogo é mais voltado para conquistas afirmativas. Essa configuração sentirá atração pelo ativo, pelo destemido e por tudo que permita explorar uma aventura ou uma conquista apaixonada.

O desejo será entusiasta e intenso, mas também impulsivo, impaciente e pouco delicado.

- ★ **Vênus em Áries:** Apaixonado, intenso e expressivo nos afetos, quem tem Vênus em Áries também pode ser impulsivo e veemente. Deve aprender a cooperar e moderar atitudes impensadas.

- ★ **Vênus em Leão:** Calor, criatividade, lealdade e generosidade nas relações afetivas são características marcantes. Esta posição confere a esse nativo um caráter jovial, que se conecta facilmente com o prazer e o entusiasmo, mas é necessário moderar o orgulho e a ostentação.

- ★ **Vênus em Sagitário:** Alegria, entusiasmo, idealismo e honestidade são qualidades associadas a essa configuração, que aprecia vínculos que permitam explorar o desconhecido. A natureza independente pode dificultar certos aspectos do compromisso, e será necessário moderar a busca constante por estímulos para alcançar a estabilidade.

Vênus em signos de água

Empático, profundo e compassivo, o nativo com Vênus em signos de água aprecia as relações de intimidade.

O desejo de fusão presente nessa configuração valoriza a confiança em vínculos que permitam a expressão das emoções. As relações íntimas são vistas como espaços seguros para compartilhar o que não se revela ao resto do mundo.

- **Vênus em Câncer:** Protetor, sentimental e receptivo, quem tem Vênus em Câncer sente especial apreço pela intimidade e busca segurança emocional nela. Família e lar podem ser fundamentais como refúgios para compartilhar momentos com pessoas íntimas, mas será necessário moderar o apego e a possessividade.

- **Vênus em Escorpião:** Profundo e apaixonado, o nativo com Vênus em Escorpião sente-se frequentemente atraído (mesmo que inconscientemente) por transformações mediadas por relações intensas e profundas, sem meios-termos. É importante moderar o ciúme e evitar se perder em uma intensidade excessiva.

- **Vênus em Peixes:** Romantismo, idealismo, compaixão, criatividade e sensibilidade são aspectos associados a esta posição de Vênus, que demonstra receptividade às necessidades dos outros. No entanto, essa característica pode ser prejudicial se impedir o estabelecimento de limites necessários. É essencial aprender a defini-los e evitar atitudes escapistas que dificultem o enfrentamento da realidade.

Vênus em signos de terra

A orientação prática é uma tendência comum na manifestação de Vênus, que prioriza o realismo e a confiabilidade. A sensualidade, a necessidade de bem-estar material e a busca pela estabilidade ganham destaque em uma posição particularmente atraída pela dimensão tangível da vida.

- ⋆ **Vênus em Touro:** As comodidades e a sensualidade têm especial importância nesta posição, que configura personalidades afetuosas com relações marcadas por sentimentos estáveis. A estabilidade material e econômica pode ter grande relevância como meio de alcançar a satisfação de um prazer frequentemente voltado à dimensão sensorial. Deve-se moderar a teimosia e a gula.

- ⋆ **Vênus em Virgem:** De natureza reservada, perfeccionista, modesta e prestativa, o nativo com Vênus em Virgem costuma ter critérios rigorosos sobre como as relações deveriam ser.

  Sua grande capacidade analítica permite discernir o que é conveniente do que não é, um padrão que frequentemente dificulta a entrega nos vínculos afetivos. É importante evitar o excesso de crítica para superar inibições.

- ⋆ **Vênus em Capricórnio:** Confiabilidade, pragmatismo e constância coexistem com demonstrações afetivas contidas e moderadas. Apesar de os sentimentos serem profundos, há seriedade e reserva ao expressá-los. A cautela e o realismo são traços comuns em uma posição que necessita de tempo para se abrir.

  Trabalhar o medo da rejeição e aprender a confiar pode ajudar a mostrar-se com mais transparência.

Vênus em signos de ar

No elemento ar, Vênus promove a sociabilidade e a busca por estímulos intelectuais. O prazer do intercâmbio social e da atividade mental caracteriza a manifestação do planeta neste elemento. Aqui, o desejo costuma estar orientado à troca de ideias e à vontade de se comunicar.

- ⋆ **Vênus em Gêmeos:** O prazer e o amor frequentemente estão ligados à necessidade de estímulos que permitam explorar diferentes facetas da realidade. Assim, a versatilidade, a curiosidade e o engenho são marcantes em uma abordagem relacional que evita estagnação. É necessário trabalhar a constância para alcançar compromissos sólidos.

* **Vênus em Libra:** Gentileza, predisposição ao outro e vontade de estabelecer relações podem coexistir com certa idealização dos vínculos amorosos. Existe uma habilidade natural para interações sociais, e a energia tende a ser direcionada ao compartilhamento, justificando a inclinação aos relacionamentos afetivos. Deve-se evitar indulgência e acomodação excessivas.

* **Vênus em Aquário:** Idealista, amante do diferente e avesso a compromissos tradicionais, o nativo com Vênus em Aquário valoriza a afinidade intelectual e teme perder sua liberdade. É inclinado a se interessar por vínculos que respeitem o espaço individual, valorizando especialmente as relações de amizade. Deve evitar cair no desapego excessivo e no individualismo.

Vênus nas casas

A posição de Vênus em cada casa influenciará a análise de sua presença no mapa. Consulte a seção referente às casas para obter uma descrição detalhada de cada posição.

Vênus e os aspectos

A interação de Vênus com os demais planetas no mapa natal permite avaliar a relação que estabelece com o conjunto. Consulte o capítulo sobre aspectos para informações mais detalhadas.

♂

MARTE: EU CONQUISTO, EU ME AFIRMO

- **Polaridade:** Yang
- **Domicílio:** Áries, Escorpião
- **Exílio:** Libra, Touro
- **Exaltação:** Capricórnio
- **Queda:** Câncer
- **Corpo:** Sangue, hemoglobina, glândulas adrenais e sexuais, sistema urogenital e bexiga

---

Marte na astronomia

Astronomicamente, o chamado Planeta Vermelho é o segundo menor do Sistema Solar, atrás apenas de Mercúrio. Marte completa sua revolução em torno do Sol a cada 687 dias e tem dois satélites naturais: Fobos e Deimos. O óxido de ferro presente em sua superfície é responsável pela característica coloração avermelhada.

Marte simbólico

O Marte romano, Ares grego, era o deus da guerra, da sexualidade, da paixão, da coragem e de aspectos comumente associados à virilidade. Seu arquétipo compartilha características com outras divindades e figuras mitológicas, como o deus hindu Indra.

O glifo que o representa contém o círculo do espírito, mas, em vez de estar ligado a uma cruz enraizada ao solo, como em Vênus, apresenta uma flecha erguida, que sugere impulso em direção a algum lugar. Posteriormente, em diversas culturas, o símbolo foi associado ao princípio masculino.

Marte na astrologia

Na astrologia tradicional, Marte foi descrito como um planeta quente e seco. Mais uma vez, a terminologia utilizada pelos antigos define de maneira muito gráfica a natureza simbólica do planeta. O calor de Marte não é um calor úmido como o de Vênus, mas sim um calor seco que, em vez de se concentrar nos vínculos, direciona sua energia para um impulso que defende o espaço próprio no mundo.

No linguagem astrológica, Marte está associado à energia ardente da vontade, ação, paixão, competitividade, impulso sexual e fúria. Esse planeta também nos fala sobre o instinto de defender o que é nosso no mundo e sobre como ativamos nossa vontade para alcançar o que desejamos.

Sua presença no mapa indica uma área da vida em que tendemos a liberar energia e a manifestar nossa vontade.

Marte em signos de fogo

No elemento fogo, Marte se dinamiza, gerando uma força motriz muito característica. Aqui, quando se trata de agir ou tomar decisões, a energia emana de um poderoso senso de força pessoal que se direciona a seus objetivos com determinação e confiança.

Apaixonado, decidido e direto, Marte em signos de fogo tem o entusiasmo como motor e não pede desculpas ao expressar o que quer. Frequentemente, precisa trabalhar a paciência, a impulsividade e aprender a ceder e cooperar.

★ **Marte em Áries:** Ousado, enérgico e audaz, Marte em Áries se lança na vida sem pensar demais. O impulso se orienta para a ação, e o vigor que emana é contagiante. Precisa liberar uma grande quantidade de energia. Para tanto, recomenda-se a prática regular de atividades físicas intensas.

Deve moderar a impulsividade, a agressividade em algumas ocasiões, o excesso de competitividade e cultivar a paciência, a perseverança e a empatia.

★ **Marte em Leão:** Caloroso, apaixonado, criativo e confiante, Marte em Leão é dotado de uma vitalidade entusiástica. Além disso, sua sociabilidade e afeto inspiram a confiança nos outros, atuando ao lado de habilidades evidentes para a liderança.

Moderar o orgulho, a arrogância e a vontade de ocupar o centro permitirá conectar-se com a dimensão mais evoluída de uma expressão profundamente generosa e vital.

- ★ **Marte em Sagitário:** Entusiasta, aventureiro e explorador independente, Marte em Sagitário orienta sua energia para a expansão. Sua honestidade e otimismo tentam ampliar a perspectiva, explorando o inexplorado e se orientando pela busca de sentido.

  Seu pensamento independente dificulta a adesão a ideologias de outros, e potencializa a perspectiva própria. Deve evitar confundir sinceridade com desconsideração, procurar fugir do fanatismo e controlar seu temperamento no intercâmbio de ideias se quiser se conectar com sua versão mais madura.

Marte em signos de água

No elemento água, a energia autoafirmativa de Marte encontra certas dificuldades para se expressar. A ambição pessoal pode se misturar com emoções, exigindo discernimento sobre o que realmente se deseja, considerando antes o que se sente. Marte nos signos de água mostra grande intuição e registra as sutilezas do ambiente, sendo capaz de compreender os outros profundamente; no entanto, identificar seus próprios desejos pode ser mais desafiador.

Com frequência, pode ocorrer uma hiperreatividade emocional devido à repressão da vontade própria ou à dificuldade em reconhecê-la. Será necessário aprender a distanciar-se das influências emocionais do ambiente para desenvolver uma expressão individual saudável.

- ★ **Marte em Câncer:** No signo do caranguejo, Marte assume um caráter protetor, sendo habilidoso em captar as necessidades dos outros. Cuidar do que considera seu — família, amigos, lugares — é de extrema importância. Suas reações mais viscerais surgem ao sentir que essas bases estão ameaçadas, sendo necessário trabalhar para controlar esses impulsos.

★ **Marte em Escorpião:** Resiliente e magnético, Marte em Escorpião também é reservado; não se expõe totalmente nem de imediato. A libido é intensa, e as lutas internas frequentemente envolvem a contenção ou expressão dos impulsos. Deve evitar lutas de poder estéreis e controlar a intensidade do "tudo ou nada" para não se deixar levar por impulsos destrutivos.

★ **Marte em Peixes:** Nesta posição, a energia de Marte tende a emergir do inconsciente, e sua sensibilidade ao ambiente está amplificada.

A defesa dos desfavorecidos ou a sensibilidade a injustiças pode ser uma forma de canalizar sua energia. Será essencial diferenciar o que é próprio do que é externo para evitar problemas psicológicos, psicossomatização ou refúgio em vícios.

No signo que dissolve o indivíduo, o planeta da afirmação pessoal encontrará aptidões para se expressar por meio do criativo e das causas que vão além de si.

Marte em signos de terra

Marte assume características do elemento, direcionando sua energia para realizar objetivos concretos no mundo tangível. Assim, a vontade se coloca a serviço do senso prático, e as metas pessoais buscam se adequar à realidade.

O impulso de conquista harmoniza-se com o princípio do elemento quando se compreende a importância da perseverança, mas é necessário evitar confundir pragmatismo com materialismo.

★ **Marte em Touro:** Paciente, tenaz e determinado, Marte em Touro busca construir tudo com consistência e tempo. Sua habilidade em lidar com questões econômicas destaca a importância das conquistas materiais e da estabilidade. A afirmação pessoal pode demorar, e decisões tendem a ser adiadas até que o terreno esteja bem conhecido. Deve trabalhar sua teimosia para se flexibilizar, evitar a estagnação e ousar sair da zona de conforto para alcançar objetivos maiores.

- **Marte em Virgem:** A precisão, a cautela e a capacidade de análise caracterizam esta posição, que confere grande dedicação ao trabalho metódico. As expressões diretas de Marte são substituídas pela reflexão, e o instinto frequentemente é moderado pela razão. Deverá controlar o nervosismo e o excesso de atividade mental.

- **Marte em Capricórnio:** A vontade aqui convive com uma ambição marcante e com a constância. O desejo de progredir socialmente tende a direcionar a força para metas concretas que constroem o caminho para conquistas a longo prazo. A habilidade para organizar e a capacidade estratégica são potencializadas pelo talento para manter o próprio impulso sob controle e por uma percepção hierárquica da realidade que respeita as carreiras no mercado financeiro.

  A disciplina e a ambição são de grande utilidade, desde que não impliquem a perda do contato com as emoções.

Marte em signos de ar

Nos signos de ar, Marte focalizará a energia principalmente no que diz respeito à comunicação, à socialização e à intelectualidade. O impulso se orientará com veemência para as ideias e seu intercâmbio. A dialética e as batalhas racionais são, por isso, conceitos ligados ao arquétipo; os debates políticos em que se trata de derrubar o adversário com palavras teriam muito dessa influência.

Independentemente da forma concreta de manifestação, Marte nos signos de ar direcionará seu interesse para o intercâmbio de ideias e a dimensão social e intelectual. Frequentemente precisará evitar se perder em disputas estéreis para aprender a se concentrar no essencial.

- **Marte em Gêmeos:** Dotado de engenho, Marte em Gêmeos estimula o intelecto e confere aos nativos energia e agilidade.

  Conversadores e rápidos no manejo de ideias, costumam abranger vários temas de interesse. Além disso, exploram o mundo com curiosidade e tendem a querer estar informados sobre diferentes aspectos da vida.

Devem se esforçar para concretizar e não se dispersar. Moderar a crítica e as fofocas será outro aspecto a ser considerado para se conectar com sua versão mais evoluída.

★ **Marte em Libra:** O impulso e a paixão de Marte se manifestam em Libra por meio das relações. O vínculo que se estabelece com os outros tende a ser analisado, e busca-se manter o equilíbrio com ímpeto. O nativo é consciente da importância da cooperação e tenta chegar a acordos com seus entes queridos de maneira racional e lógica, embora às vezes, sem perceber, possa se envolver em conflitos.

Assim, deve moderar as rivalidades e evitar analisar excessivamente a realidade das interações sociais para poder decidir sem ficar contemplando todas as variáveis.

★ **Marte em Aquário:** A incessante busca por liberdade e a rejeição das convenções são as características mais marcantes de uma posição que tenta preservar seus espaços de manobra individuais. Esteja ou não emocionalmente comprometido com outra pessoa, precisará de um espaço para si e pode se comportar frequentemente de maneira imprevisível.

A originalidade e a busca pelo diferente são aspectos destacados de uma posição que deve moderar o caráter errático para evitar confundir liberdade com a dificuldade de adaptação.

Marte e as casas

A posição de Marte em cada casa influenciará a análise de sua presença no mapa. Você encontrará na seção dedicada às casas uma descrição de cada uma das posições.

Marte e os aspectos

A interação com os demais planetas no mapa natal permitirá avaliar a relação que ele estabelece com o conjunto. Você pode consultar na seção de aspectos as informações detalhadas.

OS PLANETAS SOCIAIS

Júpiter e Saturno são conhecidos como os planetas sociais. Com princípios arquetípicos antagônicos em muitos níveis, eles situam a natureza do nativo em seu contexto social. Tradicionalmente conhecidos como cronocratores, sua interação tem definido os grandes ciclos da história da humanidade.

♃

JÚPITER: EU ME EXPANDO

- ★ **Polaridade:** Yang
- ★ **Domicílio:** Sagitário, Peixes
- ★ **Queda:** Capricórnio
- ★ **Exílio:** Gêmeos, Virgem
- ★ **Exaltação:** Câncer
- ★ **Corpo:** Fígado, glândula pituitária, sangue arterial, nervo ciático

---

Júpiter na astronomia

O maior planeta do Sistema Solar tem um grande número de luas: 79 já foram descobertas, e estima-se que provavelmente haja muitas outras.

Ele completa uma volta sobre si mesmo a cada 9 horas e 55 minutos, por isso tem o dia mais curto do sistema, e termina o percurso zodiacal completo a cada doze anos, permanecendo cerca de um ano em cada signo.

Júpiter simbólico

O Júpiter romano, Zeus grego, era a deidade mais importante do Olimpo. Proteger a ordem, a lei e a justiça dentro do universo eram seus principais deveres. Esse arquétipo é conhecido na Índia como Brihaspati, mestre espiritual dos devas.

O glifo que o representa é composto por um semicírculo que se eleva acima de uma cruz. O semicírculo se associa ao espírito e se eleva sobre a cruz ligada à matéria. Assim, o espiritual transcende o terreno, e a busca de sentido, que permite expandir o conhecimento, torna-se importante como caminho de desenvolvimento.

Júpiter na astrologia

Na astrologia tradicional, foi descrito como um planeta quente e úmido. Classificado como um planeta benéfico, assim como Vênus, tem qualidades ligadas à abundância, à sorte e à expansão.

Essa abundância, juntamente com fé, otimismo, prosperidade, riqueza, generosidade e crescimento além das limitações da realidade, são traços eminentemente jupiterianos. Sua manifestação positiva nos permite alimentar a confiança nas oportunidades que a própria vida oferece.

Por outro lado, a tendência a querer abranger mais do que é possível, os excessos de todo tipo e a irresponsabilidade derivada do excesso de confiança fazem parte da expressão mais negativa de um arquétipo que deseja, acima de tudo, expandir-se.

Júpiter no mapa natal nos indicará o espaço de vida em que desejamos crescer e no qual tendemos a experimentar prosperidade.

Júpiter em signos de fogo

Entusiasmo, vitalidade e fé em si e na vida são características necessárias para manifestar a sensação de plenitude que emana de uma disposição marcante para explorar o mundo.

Júpiter nos signos de fogo está frequentemente relacionado à autoestima, à extroversão, à generosidade e à confiança inata.

- ★ **Júpiter em Áries:** De caráter intrépido, a confiança interna faz parecer que nada pode dar errado, por isso não teme assumir riscos. Também buscará expandir sua capacidade de autoafirmação e aumentar sua liberdade de ação com um espírito entusiasta e empreendedor. Deve moderar a impetuosidade e evitar riscos decorrentes do excesso de confiança.

- ★ **Júpiter em Leão:** De natureza calorosa, generosa, criativa e exuberante, Júpiter em Leão tentará expandir sua expressividade, e a confiança em si será um fator-chave para potencializar sua espontaneidade. Deve manter sob controle o orgulho, o drama e a busca excessiva por reconhecimento.

- ★ **Júpiter em Sagitário:** Os objetivos distantes do presente ou do cotidiano tendem a estimular um nativo com uma vontade inata de expansão, por isso é preciso controlar a tendência ao excesso e à falta de realismo e concretude, especialmente pela dificuldade de delimitar o campo de ação.

Júpiter em signos de água

Marcada pelos laços que se formam ao experimentar a conexão emocional com os outros, a manifestação dessa influência atinge sua maior expansividade ao conectar-se com suas emoções. A riqueza interior, a imaginação e a empatia se somam a uma disposição afetiva particularmente generosa em relação aos outros.

Conectar-se com a própria intuição será necessário para o crescimento.

- ★ **Júpiter em Câncer:** Tentando alimentar aspectos da vida como apoio e cuidado emocional, há uma generosidade afetiva que facilita a disposição para proteger os outros por meio da compreensão. No entanto, será necessário enfrentar o instinto de autoproteção e segurança para atingir o potencial afetivo.

- ★ **Júpiter em Escorpião:** O desejo de acessar o profundo torna essa configuração propensa à intensidade emocional e confere talento para desvendar aspectos insondáveis da vida, mas é necessário moderar as tendências obsessivas para evitar entrar em ciclos de regeneração permanente.

- ★ **Júpiter em Peixes:** A compaixão e a sensibilidade tendem a potencializar um aspecto que lembra que fazemos parte do todo. A abundância de Júpiter em Peixes se manifesta por meio de atitudes abertas ao pensamento espiritual que transcendem o indivíduo, mas pode cair em uma postura passiva (na qual toda opinião é válida) e no escapismo.

Júpiter em signos de terra

A sensação de abundância será vinculada a fins práticos e aprenderá a aproveitar as opções que surgem à sua frente de uma perspectiva palpável. Sua capacidade de se conectar com a dimensão terrena confere um talento especial para detectar oportunidades.

- ★ **Júpiter em Touro:** A relação com a natureza e o mundo tangível em geral representa o lado mais amável de uma manifestação de Júpiter que sabe desfrutar dos sentidos como poucos. Apreciar os prazeres simples e ser capaz de gerar abundância material são características dessa energia, que deve evitar cair no materialismo, no desperdício e no hedonismo.

- ★ **Júpiter em Virgem:** A natureza expansiva de Júpiter se restringe em um signo de análise, gerando uma tensão proveniente de duas índoles muito diferentes. A expansão se expressa por meio da produtividade, da atividade analítica e mental, com potencial para o laborioso. Deve moderar o excesso de julgamento e aproveitar sua energia para dar forma prática ao idealismo, em vez de ficar preso à crítica.

- **Júpiter em Capricórnio:** A ambição característica de Capricórnio coexiste aqui com o desejo de não se sentir restrito. A atitude diligente, constante e disciplinada é orientada para objetivos de longo prazo que também permitam crescer em liberdade de ação. Deve evitar o pessimismo diante da falta de liberdade e aprender a priorizar o passo a passo.

Júpiter em signos de ar

Ao operar nos signos de ar, Júpiter valoriza o aprendizado oriundo da troca de ideias e tende a expandir sua influência em qualquer interação que envolva outras pessoas. A abundância se expressa aqui com grande receptividade para conhecer, aprender e compartilhar.

- **Júpiter em Gêmeos:** A busca por ideias de todo tipo é uma característica desta posição, que estimula a curiosidade de vários modos. Devido à sua natureza falante, também gosta de compartilhar diferentes maneiras de ver o mundo.

  Terá de evitar dar muitos saltos e mudar de direção caso deseje concretizar algo.

- **Júpiter em Libra:** A expansividade é encontrada frequentemente por meio do prazer e da harmonia. A amabilidade e o cooperativismo também são traços comuns desta posição, que pode ainda manifestar atração por qualquer forma de expressão artística.

  Deve moderar o hedonismo e evitar confundir conflito com expressão de opinião, aprendendo a tomar decisões.

- **Júpiter em Aquário:** A abertura de horizontes ganha importância particular nesta posição, que também confere originalidade e capacidade visionária. Tudo isso tende a se combinar com uma disposição aberta e receptiva ao novo, muitas vezes voltada para o humanitário. No entanto, deve aprender a lidar com as decepções, entendendo que a realidade frequentemente não é como se imaginava.

Júpiter e as casas

A posição de Júpiter em cada casa influenciará a análise de sua presença no mapa. Você encontrará na seção dedicada às casas uma descrição de cada uma das posições.

Júpiter e os aspectos

A interação com os demais planetas no mapa natal permitirá avaliar a relação que ele estabelece com o conjunto. Você pode consultar na seção de aspectos as informações detalhadas.

♄

SATURNO: EU TEMO E ESTRUTURO

★ **Polaridade:** Yang
★ **Domicílio:** Capricórnio, Aquário
★ **Queda:** Áries
★ **Exílio:** Câncer, Leão
★ **Exaltação:** Libra
★ **Corpo:** Sistema ósseo (dentes, esqueleto e ossos em geral), pele e vesícula biliar

---

Saturno na astronomia

O segundo maior planeta do Sistema Solar (após Júpiter) é o único cujos anéis são visíveis a olho nu a partir da Terra. Até a invenção do telescópio, foi considerado o planeta mais distante, e por esse motivo foi associado ao conceito de limite na astrologia clássica. Seu período de translação ao redor do Sol é de 29 anos e 167 dias, por isso se posiciona em cada signo por cerca de dois anos e meio.

Saturno simbólico

O titã romano Saturno, o Cronos grego, era filho de Urano e frequentemente retratado com uma longa barba branca e segurando uma foice, pois também era considerado o deus da colheita. Cronos, por sua vez, era a personificação do tempo. Saturno, temendo ser destronado, devorou seus filhos ao nascer.

O glifo que representa o astro é caracterizado pela cruz da matéria que se eleva acima do semicírculo vinculado ao espírito. Ao contrário de Júpiter, aqui a matéria é vista como o princípio fundamental para o desenvolvimento do restante, um agente tão limitante e restritivo quanto necessário para a estrutura da existência.

Saturno na astrologia

Por muito tempo, antes da descoberta de Urano, Netuno e Plutão, Saturno foi tido como o último planeta do Sistema Solar, o que influenciou seu princípio arquetípico. Sua posição o levou a ser interpretado como o limite, a velhice e, de certo modo, o fim no mundo material.

Considerado um planeta frio e seco, entende-se muito bem em contraste com Júpiter, que, como vimos, é quente e úmido. Se o princípio de Júpiter expande, o de Saturno contrai e estrutura. A conservação, o controle, o medo que inibe mas também preserva, a responsabilidade, a maturidade ou a perseverança são características ligadas a um arquétipo que lida com o limite necessário para a sobrevivência.

De uma perspectiva clássica, Saturno no mapa natal indicará uma área marcada pela restrição e pelo medo. Em uma visão evolutiva, sua manifestação implica um espaço movido frequentemente pela insatisfação e o medo que surgem da sensação de insegurança. Essa insegurança costuma nos levar a desejar o que sentimos que nos falta. Assim, sua influência tanto gera a sensação de obstáculo, insegurança e responsabilidade quanto fomenta a maturidade e potencializa o princípio da realidade necessário para concretizar.

Saturno em signos de fogo

Saturno no elemento fogo fomentará a necessidade de obter segurança validando a perspectiva, a intuição, a identidade e a capacidade expressiva próprias.

- ★ **Saturno em Áries:** Saturno em Áries não é amigo da autoridade externa e busca desenvolver seu próprio poder. Conflitos internos entre se conter e se lançar são frequentes. Aprender a assumir riscos e ser capaz de realizar a própria vontade são temas comuns sob essa influência para esse líder.

- ★ **Saturno em Leão:** A capacidade expressiva e o reconhecimento são áreas presentes nesta influência, que frequentemente se debate entre inibições pessoais, o medo de não ser valorizado e a necessidade de se manifestar. Aceitar a necessidade de validação trará libertação para dar espaço às próprias capacidades e evitar bloqueios e mecanismos de sobrecompensação que levem a atitudes arrogantes.

- ★ **Saturno em Sagitário:** A busca por significado, aprendizado, viagens e sistemas de crenças é uma área em que essa influência tende a se concentrar para alcançar a segurança desejada.

  Há frequentemente uma vontade de aprender e ensinar, o que pode gerar o desejo de ser mestre em algo, mas é preciso evitar o dogmatismo e o orgulho intelectual para não impor suas crenças aos outros.

Saturno em signos de água

Saturno no elemento água se concentrará em obter segurança no universo emocional e frequentemente tentará confiar nos vínculos afetivos.

- ★ **Saturno em Câncer:** A busca por compreensão, um ninho afetivo e a necessidade de ser protegido e de proteger são características desta posição, que pode ter sentido falta desses aspectos.

  O medo de ser ferido frequentemente leva Saturno em Câncer a tentar proteger seus sentimentos, manifestando inibição afetiva; por isso, ao longo da vida adulta, muitas vezes buscará oferecer esse apoio aos outros, especialmente em seu papel como mãe ou pai.

- ★ **Saturno em Escorpião:** Aprofundar-se nos sentimentos e na intensidade será uma constante junto à disposição reservada e à vontade de proteger a própria intimidade. O desejo de fusão dialoga com a necessidade de manter o próprio espaço intacto, e são comuns os dilemas relacionados à possessividade, oriundos da falta de confiança.

  Há interesse em explorar as profundezas emocionais, às vezes próprias, outras vezes alheias, para desvendar o que não é visível à primeira vista.

- ★ **Saturno em Peixes:** A conexão com os sentimentos alheios e a capacidade de compreendê-los geralmente conferem aptidão para desvendar a profundidade emocional dos outros, mas também sérias dificuldades para distinguir os próprios sentimentos dos alheios. Há uma tendência a se responsabilizar pelos males do mundo, o que pode levar a evitar o contato com as emoções por medo de não saber como gerenciá-las. A solidão e o isolamento são frequentemente tanto um medo quanto uma necessidade.

  Buscar segurança na conexão com as emoções coletivas é uma tarefa complexa que deve começar com a distinção entre o que é próprio e o que não é, para assim começar a trabalhar os limites.

Saturno em signos de terra

Saturno em terra buscará segurança na dimensão tangível da existência. Nesse caso, o tangível é entendido de modo amplo, abrangendo desde a dimensão econômica até a posição social.

- ★ **Saturno em Touro:** A estabilidade, o apego, garantir as necessidades básicas e o medo da mudança configuram os conceitos centrais de uma posição que teme se ver sem os recursos básicos para sua subsistência. Inimigo dos riscos e de personalidade possessiva, tende a buscar segurança em uma realidade material com a qual deve aprender a se relacionar de forma mais flexível.

* **Saturno em Virgem:** De natureza metódica, analítica, estruturada e crítica, Saturno em Virgem busca obter segurança dentro de padrões estabelecidos.

  Esta posição tende a desejar estabelecer rotinas diárias ou um espaço seguro em um modo de fazer esquematizado. Com grande capacidade de trabalho, tem mais dificuldade para compartilhar tarefas devido à sua tendência à crítica. Deve aprender a não perder completamente a liberdade de ação ao se submeter excessivamente aos padrões.

* **Saturno em Capricórnio:** A vontade de alcançar méritos materiais e sociais confere grande capacidade de estruturar objetivos a longo prazo. Saturno em seu próprio signo manifesta uma ambição que busca reconhecimento social pelo que executa. Esforçado, disciplinado e focado no que pode alcançar, teme o fracasso e encontra a segurança desejada ao perseguir o sucesso.

  Deve moderar essa tendência para evitar a frustração de não obter o suficiente. Ao estabelecer objetivos muito ambiciosos, pode se sentir sobrecarregado e paralisado.

Saturno em signos de ar

Saturno no elemento ar buscará segurança na dimensão intelectual, comunicativa e relacional. Nessas áreas, tentará trabalhar a confiança em si e nos outros.

* **Saturno em Gêmeos:** Compreender e expressar-se são de extrema importância. A ênfase recai sobre a forma de expressão, e há vontade de refletir sobre a realidade, o que geralmente confere a esse nativo uma capacidade de raciocínio profunda e objetiva, devido ao medo de ser considerado intelectualmente incapaz ou de ficar sem palavras para se comunicar.

  O medo das próprias capacidades intelectuais ou comunicativas é, na verdade, o que pode impulsionar o desenvolvimento dessas aptidões e a clareza no julgamento.

- **Saturno em Libra:** Cooperar e se relacionar são os campos nos quais esta posição se concentra. Saturno em Libra se caracteriza por conferir maturidade por meio da interação com os outros, especialmente por meio das relações de casal ou associações em geral. Dificuldades podem se manifestar nessas áreas, e elas potencializam o indivíduo para tomar consciência da responsabilidade presente nos compromissos.

  Com o tempo, esta posição traz maturidade e realismo na forma de entender os vínculos.

- **Saturno em Aquário:** Com Saturno em Aquário, os ideais, as relações sociais ou as amizades são aspectos destacados da vida de uma forma ou de outra. A necessidade de compreender as dinâmicas que se estabelecem nos grupos impulsiona o nativo a manter uma relação dual com estes, que frequentemente oscilará entre a sensação de isolamento e a vontade de encontrar o lugar junto aos outros em que possa se encaixar. Saturno em Aquário fala tanto do inadaptado quanto da necessidade de pertencimento.

  Viver em consonância com determinados ideais e encontrar um sistema de valores próprio é mais importante do que a segurança econômica ou laboral.

Saturno e as casas

A posição de Saturno em cada casa influenciará a análise de sua presença no mapa. Você encontrará na seção referente às casas uma descrição de cada uma das posições.

Saturno e os aspectos

A interação com os outros planetas no mapa natal permitirá avaliar a relação que Saturno estabelece com o conjunto. Você pode consultar na seção de aspectos a informação detalhada.

OS PLANETAS TRANSPESSOAIS

Urano, Netuno e Plutão são os chamados planetas transpessoais, espirituais ou transaturninos. Incorporados ao vocabulário astrológico ocidental recentemente, marcam, devido à sua lentidão, realidades geracionais mais do que individuais. Estão ligados à dimensão espiritual daquilo que nos transcende.

♅

URANO: EU REFORMO, EU ME REBELO

- **Domicílio:** Aquário
- **Exílio:** Leão
- **Corpo:** Sistema nervoso, sistema circulatório, reflexos, estresse, glândula pineal e problemas psiquiátricos.

Urano na astronomia

Urano, o primeiro planeta descoberto por meio do telescópio, é o terceiro mais distante do Sistema Solar e o quarto mais massivo. Tem um período de translação de 84,01 anos, 7 dias e 9 horas, e leva cerca de 7 anos para percorrer cada signo.

Embora tenha sido observado anteriormente, com frequência confundido com uma estrela ou cometa, foi apenas em 13 de março de 1781, após William Herschel tornar público seu descobrimento, que se começou a avaliar sua categoria como planeta. Em 1783, o próprio Herschel o reconheceu como tal, ampliando os limites do Sistema Solar até então conhecidos.

Urano simbólico

O glifo de Urano é composto por um círculo coroado por um símbolo relacionado tanto com a abertura perceptiva a sinais quanto com a própria letra H do sobrenome de seu descobridor. Herschel propôs o nome Georgium Sidus, em homenagem a Jorge III da Inglaterra, mas acabou recebendo o nome proposto pelo astrônomo alemão Johann Elert Bode. A lógica considerada foi a de que o planeta descoberto além de Saturno deveria ser nomeado em homenagem ao pai de Saturno na mitologia, Urano.

Astrologicamente, houve unanimidade em vincular o astro ao significado arquetípico de mudanças, rebeliões, acontecimentos inesperados, inovação ou originalidade, todos conceitos muito distantes do Urano mitológico. A única correspondência entre o Urano mitológico e o astrológico seria a relação entre o planeta e a realidade cósmica, astronômica e astrológica, pois Urano está associado a todos esses conceitos. Contudo, o Urano mitológico se caracteriza por tentar manter sua posição, enquanto o Urano astrológico impulsiona a mudança para subverter a ordem. Por isso, podemos associá-lo mais a Prometeu do que a Urano, como aponta Richard Tarnas em seu livro *Cosmos y psique*.

Urano na astrologia

A interpretação astrológica de Urano está fortemente ligada a seu contexto físico e, sobretudo, ao contexto histórico.

Descoberto graças ao telescópio, é atribuída a Urano uma ligação com a inovação e o progresso tecnológico, científico e de qualquer outra natureza. Como alterou a ordem planetária tradicional e foi descoberto em um cenário rodeado de revoluções (francesa, industrial e estadunidense), também se vincula à rebelião e às mudanças que subvertem a ordem tradicional, algo bastante compreensível, considerando que é o primeiro planeta além de Saturno ou transpessoal. Ir além de Saturno implica também explorar o que está mais distante da realidade mundana conhecida, conectando-nos com a dimensão transpessoal, presente também em Netuno e Plutão.

Sua influência estará presente por vários anos, por isso sua análise frequentemente pressupõe uma visão geracional, mas se torna especialmente pessoal em sua localização nas casas e quando sua presença é destacada no mapa, sobretudo em casas angulares ou com aspectos notáveis com outros planetas. Urano confere situações ligadas a mudanças inesperadas, bem como personalidades originais, diferentes, rebeldes, progressistas, excêntricas ou iconoclastas.

Sua presença no mapa natal mostra uma esfera da vida na qual nos conectamos ou desejamos nos conectar com conceitos como mudança, liberdade, rebeldia ou diferença.

Permanecendo sete anos em cada signo, sua natureza transpessoal marca características coletivas, e seu mapa individual é mais definido pela casa do que pelo signo.

Urano em signos de fogo

A vontade de inovar costuma se manifestar na ação, com grande energia dedicada à defesa da liberdade pessoal. O progressismo e o idealismo podem ser tão presentes quanto a excentricidade ou as posturas indomáveis e anárquicas.

★ **Urano em Áries:** A iniciativa e o espírito pioneiro em sua dimensão harmoniosa convivem com a veemência, o individualismo e a impulsividade em sua expressão mais aflita.

★ **Urano em Leão:** A originalidade, a criatividade e o otimismo diante das mudanças estão potencializados em uma manifestação que traz arrogância em sua dimensão sombria.

★ **Urano em Sagitário:** A honestidade, o otimismo e a necessidade de liberdade são características comuns na expressão luminosa de uma energia que, em sua forma aflita, pode tender ao radicalismo.

Urano em signos de água

Esta manifestação, que frequentemente altera a forma convencional de entender as emoções, pode desenvolver tanto o senso de humanidade quanto a busca pela independência emocional.

- ★ **Urano em Câncer:** A vontade inicial de criar um modelo diferente em relação ao dos pais pode revelar, com o tempo, uma dimensão mais conservadora em relação aos filhos. Frequentemente o impulso pela liberdade em relação à família colide com a vontade de pertencimento.

- ★ **Urano em Escorpião:** São comuns as revoluções internas, pois esta posição favorece os altos e baixos emocionais, as mudanças de direção no campo afetivo e a necessidade de expor o que é desconfortável de olhar.

- ★ **Urano em Peixes:** Dotado de grande idealismo, tende à hipersensibilidade, o que pode afetar o sistema nervoso. O desejo de escapar da realidade torna necessário trabalhar o realismo e muitas vezes cultivar a espiritualidade.

Urano em signos de terra

A necessidade de independência material convive com a busca de uma inovação realizável por meio de medidas concretas.

- ★ **Urano em Touro:** A vontade de preservar convive com a necessidade de mudança, gerando uma tensão interna que tende a encontrar dificuldade para unir ambas as energias. São frequentes os ciclos em que é necessário desenvolver a inventividade de adaptação.

- ★ **Urano em Virgem:** A mente tem capacidade de análise e habilidade para concretizar as inovações propostas. Há vontade de realizar reformas que otimizem.

- ★ **Urano em Capricórnio:** A necessidade de inovar e de ter margem de manobra convive com a vontade de estruturar sobre bases sólidas. Em sua manifestação harmônica, a capacidade de visão dialoga com o pragmatismo para construir novas estruturas, mas, em sua expressão desarmônica, gera tensão entre tradição e mudança, ou nervosismo por excesso de ambição.

Urano em signos de ar

A originalidade nas ideias precisa conectar-se com uma liberdade de pensamento que permita redefinir as relações sociais ou teorizar, às vezes, além do que pode ser concretizado.

★ **Urano em Gêmeos:** O pensamento criativo e a capacidade de inovar na comunicação convivem com a curiosidade e a versatilidade. Deve-se evitar a tendência a deixar as coisas pela metade e a temperar a vontade de saltar de uma coisa para outra sem concretização.

★ **Urano em Libra:** A vontade de preservar espaços de manobra individual afeta as uniões e o compromisso de maneira geral. Esses nativos muitas vezes se debatem entre a necessidade de cooperar e a de cultivar sua própria independência. Por vezes oscilam entre esses dois polos e precisam definir seus vínculos, o que dá origem a ambas as necessidades.

★ **Urano em Aquário:** Progresso e necessidade de mudança, Urano em seu próprio signo confere grande valor à individualidade. Para esses nativos, é importante poder expressar-se como são, muitas vezes à margem das convenções do momento. Paradoxalmente, essa natureza convive com a necessidade de encontrar seu grupo de iguais.

Urano e as casas

A posição de Urano em cada casa influenciará a análise de sua presença no mapa. Você encontrará na seção sobre as casas uma descrição de cada uma das posições.

Urano e os aspectos

A interação com os outros planetas no mapa natal permitirá avaliar a relação que estabelece com o conjunto. Pode-se consultar a seção sobre aspectos para mais detalhes.

♆

NETUNO: EU DISSOLVO

- **Domicílio:** Peixes
- **Exílio:** Virgem
- **Corpo:** Tálamo, canal espinhal, sistema linfático, doenças infecciosas, afecções misteriosas, distúrbios mentais ou emocionais

---

Netuno na astronomia

O oitavo planeta em distância do Sol completa uma volta a cada 164 anos e 298 dias, e faz parte dos chamados planetas exteriores, também conhecidos na astrologia como transpessoais.

Na astronomia, Netuno é classificado como um gigante gasoso porque, assim como Urano, é uma esfera de gás com um núcleo metálico. Possui cerca de oito luas, incluindo uma chamada Tritão, caracterizada por ser o lugar mais frio do Sistema Solar. Embora tenha tido sua existência especulada, foi apenas em 1846 que foi oficialmente descoberto como planeta.

Netuno simbólico

O glifo do planeta é composto pela cruz da matéria coroada por um tridente, relacionado a Netuno romano (Poseidon grego), simbolizando a transcendência e com três pontas, representando o inconsciente, a consciência pessoal e a consciência universal. A relação entre o planeta e o deus dos mares se torna evidente ao se observar o princípio arquetípico do mar: o oceano como princípio de unidade indiferenciada, dissolvendo as fronteiras individuais e nos retornando à consciência do todo do qual fazemos parte; também a água como metáfora do vasto inconsciente, governado por uma dimensão emocional, intuitiva, onírica e alegórica, geradora de uma realidade psíquica coletiva onde os arquétipos nascem.

Netuno se relaciona tanto com a espiritualidade, ou seja, a fusão com o todo que nos transcende, ou a habilidade de captar as correntes invisíveis, quanto com a perda da vontade individual, a entrega à imensidão e à irrealidade.

Netuno na astrologia

Na astrologia, Netuno representa o princípio arquetípico da dissolução, que não compreende fronteiras e favorece a necessidade de transcendência ou de reconexão com o todo. Referem-se à natureza fusional de Netuno tanto a espiritualidade que nos reconecta a uma dimensão além do tangível em relação a quem se entregou ao alcoolismo para não enfrentar o mundano, ou à inspiração criativa do músico que flui ao compor.

O misticismo, o universo onírico e inconsciente, a redenção, a ambiguidade, as faculdades extrassensoriais, o sacrifício, a hipnose, a inspiração, a empatia, o psiquismo, a fantasia, os vícios e a idealização são conceitos que revelam um impulso arquetípico que, longe de se definir concretamente, anseia transcender a realidade material. Sua influência no mapa natal pode mostrar tanto um campo da vida em que encontramos grandes ilusões e seus desenganos consequentes quanto um aspecto da vida em que nos custa estabelecer limites, tendemos a nos sacrificar pelos outros, nos deixamos levar e fluímos com a corrente, ou nos conectamos com a intuição.

Netuno nos signos

Por ser um planeta transpessoal, marca características comuns coletivas, pois permanece entre 14 e 15 anos em cada signo. Por isso, sua importância no mapa individual é mais característica pela casa que pelo signo.

Netuno em signos de fogo

A criatividade é expressiva, e busca-se a transcendência por meio das próprias ações. Há necessidade de exteriorizar aquilo que nasce da intuição. O individual e o coletivo devem dialogar para proporcionar aprendizado.

- ★ **Netuno em Áries:** A necessidade de tomar iniciativas no campo espiritual ou as revelações espontâneas colocam-se a serviço de uma energia pioneira que rejeita imposições externas.

- ★ **Netuno em Leão:** A capacidade expressiva está presente nesta posição inclinada ao romantismo, que potencializa a criatividade, mas pode manifestar desilusões caso se recuse a ver a realidade além do prazer.

- ★ **Netuno em Sagitário:** Há uma tendência a buscar a verdade em termos espirituais e uma preocupação com a ética, que frequentemente pode resultar em elucubrações elevadas, mas pouco concretas.

Netuno em signos de água

Neste posicionamento, a ideia de servir o próximo por meio da compreensão psíquica, a vontade de promover a fusão emocional, a receptividade, a empatia e a sensibilidade para com os mundos sutis são potencializadas, sendo necessário enfrentar aprendizagens afetivas.

- ★ **Netuno em Câncer:** O patriotismo, entendido como idealização das raízes e das tradições, ou a tendência a embelezar o passado, são formas de entender uma energia suscetível de desejar a segurança do que sempre esteve presente.

- ★ **Netuno em Escorpião:** A interpretação onírica, as fantasias sexuais ou o romance policial como gênero literário são exemplos de uma mistura energética profunda que tende a se sentir atraída por decifrar os mistérios do inconsciente.

★ **Netuno em Peixes:** Em seu signo, Netuno potencializará suas características e amplificará os conceitos associados à espiritualidade, à fantasia, à empatia ou à expressão artística, mas deverá evitar os impulsos autodestrutivos e se esforçar para não escapar da realidade.

Netuno em signos de terra

A necessidade de fazer dialogar a dimensão espiritual e criativa com o mundo material tentará conferir praticidade a conceitos intangíveis. Há vontade de dar uma forma concreta a esses conceitos.

★ **Netuno em Touro:** O lado sensual da realidade se amplifica, e há certa idealização sobre desfrutar das coisas boas que a vida oferece por meio do tangível. A sensibilidade estética e o gosto artístico também estão presentes nesse arquétipo, que tende a idealizar a natureza.

★ **Netuno em Virgem:** A tensão característica dessa combinação põe em interação a intuição, a criatividade e a imaginação com as responsabilidades reais, o que pode gerar a negação das próprias capacidades de explorar mais além, o escapismo por meio de drogas ou qualquer tipo de doença derivada da repressão emocional. Será necessário aprender a estabelecer um diálogo harmônico entre as duas naturezas.

★ **Netuno em Capricórnio:** Os ideais precisam ser estruturados para se tornarem realidade. Frequentemente, isso confere habilidade para combinar ambos os conceitos, mas também desilusões pelo caminho. É comum que esses ideais se voltem para a área profissional.

Netuno em signos de ar

Tendência ao idealismo, vontade de compreender linguagens arquetípicas ou necessidade de racionalizar o inconsciente: todas essas são formas possíveis nesta posição, que também pode obter aprendizados a partir das relações sociais.

- ★ **Netuno em Gêmeos:** A inteligência se relaciona aqui com a imaginação e com a intuição. Embora haja grande capacidade criativa para gerar ideias inovadoras, devido a possíveis intuições que tentam se racionalizar, deve-se evitar se perder em divagações para poder concretizar.

- ★ **Netuno em Libra:** De caráter humanitário e compassivo, confere uma visão idealizada de qualquer forma de relação, assim como sensibilidade artística e atração pela beleza e pela harmonia. Frequentemente, os ideais exagerados a respeito das relações devem ser avaliados de maneira pragmática para evitar decepções.

- ★ **Netuno em Aquário:** A realidade material carece de interesse em uma configuração mais inclinada a se relacionar confortavelmente com o abstrato. Atribui-se às habilidades artísticas e à capacidade inventiva em geral, e a uma visão que, embora desapegada, pode tender a idealizar o avanço tecnológico, as amizades ou a humanidade em si, muitas vezes fantasiando utopias.

Netuno e as casas

A posição de Netuno em cada casa influenciará a análise de sua presença no mapa. Você encontrará uma descrição de cada uma das posições na seção referente às casas.

Netuno e os aspectos

A interação com os outros planetas no mapa natal permitirá avaliar a relação que ele estabelece com o conjunto. Você pode consultar a seção de aspectos para mais detalhes.

♇

PLUTÃO: EU REGENERO, EU TRANSMUTO

- ★ **Domicílio:** Escorpião
- ★ **Exílio:** Touro
- ★ **Corpo:** Órgãos excretores e reprodutores, formação de células, abscessos, malformações, vírus, bactérias e obsessões

Plutão na astronomia

Atualmente considerado um planeta anão, seu pertencimento ao grupo de planetas do Sistema Solar sempre foi um assunto controverso. Sua órbita é muito excêntrica e leva cerca de 248 anos para completar uma volta ao redor do Sol. Ele permanece entre 12 e 32 anos em cada signo.

Depois que o astrônomo Percival Lowell postulou a existência de outro planeta, foi finalmente descoberto em 18 de fevereiro de 1930 pelo astrônomo Clyde William Tombaugh, que realizou os cálculos necessários para tornar essa descoberta possível.

Plutão simbólico

Existem vários glifos conhecidos para representar Plutão: um deles é composto por um P e um L, associados às iniciais de Percival Lowell, porém, o mais difundido é formado pela cruz da matéria, um semicírculo e um círculo elevando-se acima. O astrólogo Marc Edmund Jones definiu-o como a alma que cria o espírito fora da matéria, mas também foi vinculado à ideia de semente como força potencial.

De maneira mitológica, está relacionado principalmente com Plutão romano (o Hades grego), deus do submundo, mas pode ser estabelecido um vínculo com esse arquétipo além do mundo greco-latino, como com o deus hindu da destruição e da criação, Shiva, ou as deusas Kali e Shakti.

O "Isso" primordial freudiano, onde residem os instintos em ebulição, também é um conceito adequado para definir a natureza simbólica do arquétipo. Sua descoberta corresponde a um período histórico marcado por eventos como a fissão do átomo, o desenvolvimento da energia atômica, o gangsterismo, o surgimento do fascismo, o Holocausto e a ampla difusão da psicanálise.

Plutão na astrologia

Astrologicamente, Plutão está relacionado com conceitos como profundidade, destruição, regeneração, crise, princípio de poder, pulsões que buscam emergir, abuso, tabus, obsessão e muitos outros conceitos que tendemos a esconder nas partes mais obscuras da psique. Sua influência destrói o que já não serve, ativando períodos de crise nos quais não nos resta alternativa senão renascer. Essas crises, com frequência, envolvem escavar realidades subterrâneas para revelar o que estava oculto devido ao desconforto que causava.

Dos planetas que compõem o linguajar astrológico mais comum, Plutão é o que está mais distante do Sol, o que nos diz muito sobre sua simbologia. Sua distância revela uma energia para a qual o ego é insignificante, pois há um fim maior distante dele.

A presença de Plutão no mapa natal indica um local onde nos conectaremos com crises que muitas vezes farão surgir das profundezas o que tentávamos ocultar. Esses processos revelam a necessidade de transmutar o que já não serve.

Por ser um planeta transpessoal, Plutão marca características comuns coletivas que definem gerações mais do que indivíduos, já que permanece de 12 a 32 anos em cada signo. Sua importância no mapa individual é mais característica por casa do que por signo (para mais informações, consulte a seção das casas).

Plutão em signos de fogo

A necessidade de expressão individual convive aqui com a vontade transformadora, o que confere determinação para regenerar o necessário, mas também veemência e desejo de poder pessoal.

* **Plutão em Áries:** Em uma posição tão inclinada a gerar novas formas quanto a destruir as estabelecidas, a vontade de iniciar caminhos inexplorados se combina com a necessidade de transformação. É necessário moderar a veemência e perseverar no que foi iniciado para não cair em imposições ou na contínua vontade de transformar sem concretizar.

* **Plutão em Leão:** Há necessidade de potenciar a expressão individual, reafirmar a confiança em si e obter empoderamento pessoal. Devido ao caráter apaixonado de Plutão em Leão, será necessário moderar a necessidade de se destacar e evitar competir por questões de poder.

* **Plutão em Sagitário:** A vontade de regenerar os sistemas de crenças e de transformar antigos dogmas é a característica mais marcante desta influência, que tende a expressar abertamente sua visão da vida, muitas vezes em colisão com o que já foi estabelecido. Deve-se evitar o fanatismo.

Plutão em signos de água

A realidade emocional e a capacidade de desenvolvimento espiritual se tornam proeminentes. Os medos e fobias resultantes de experiências passadas coexistem com grande capacidade de regeneração.

* **Plutão em Câncer:** As raízes familiares, a nação, a história e o passado, em geral, são áreas fortemente ligadas a emoções profundas, também devido às transformações que nelas ocorrem. A necessidade de trazer à tona o passado permite entender o presente. A violência nos impulsos emocionais ao defender o que é próprio é outro ponto que deve ser observado.

* **Plutão em Escorpião:** Plutão se sente à vontade ao mergulhar nas profundezas emocionais e desvendando os mistérios da vida.

Esta posição traz a necessidade de compreender o que antes era considerado tabu. Há capacidade de regeneração emocional, mas também a tendência à compulsão.

★ **Plutão em Peixes:** Esta posição confere habilidade para captar as correntes subjacentes, tanto pessoais quanto coletivas, e intensifica a visão espiritual. Existe a necessidade de purgar o sofrimento do mundo, mas muitas vezes o sofrimento alheio pode ser vivido como próprio, por isso é importante moderar a permeabilidade e aprender a distinguir o pessoal do coletivo para evitar tendências autodestrutivas.

Plutão em signos de terra

Em um signo de Terra, Plutão se concentra na esfera material. O potencial transformador deste arquétipo visa regenerar o que já não funciona na dimensão prática. Muitas vezes há a vontade de manter sob controle os próprios recursos e de fazê-los crescer. O poder tende a se vincular à matéria.

★ **Plutão em Touro:** A economia e a vontade de prosperar no plano material ganham força em uma posição que confere ambição nessas áreas. A tenacidade é direcionada à obtenção de bens, e há tendência a realizar transformações nesses aspectos para aumentar os recursos.

★ **Plutão em Virgem:** Esta manifestação de Plutão enfatiza a saúde, a dieta, a higiene e o ambiente de trabalho, o que confere a capacidade de análise para realizar as mudanças necessárias, mas também pode gerar obsessões associadas ao excesso de controle nessas áreas da vida.

★ **Plutão em Capricórnio:** Plutão opera no campo profissional e nas estruturas políticas, com a intenção de regenerá-las.

Responsável e ambicioso, Plutão em Capricórnio facilita a capacidade de liderança ao combinar a iniciativa e a vontade de transformar com perseverança e pragmatismo. Porém, é importante moderar o desejo de poder e a tendência autoritária.

Plutão em signos de ar

As relações sociais e o mundo das ideias são as principais áreas de interesse de Plutão nesta posição, o que traz tanto a necessidade de regenerar as formas de interação quanto a busca por uma compreensão mais profunda da natureza dos vínculos e das ideias, além do que está estabelecido.

* **Plutão em Gêmeos:** A necessidade de encontrar respostas é a principal característica de uma mente ágil e inquisitiva, que tem a habilidade de aprofundar o conhecimento e a vontade de transformar antigos paradigmas relacionados à comunicação ou aos avanços científicos e técnicos.

* **Plutão em Libra:** O interesse pela justiça e pela equidade, presentes no aspecto social, manifesta-se na realidade pessoal com a vontade de reformular as relações humanas. As relações de parceria (ou cooperativas) tendem a ser afetadas pela necessidade de alcançar uma consciência profunda sobre a natureza dos vínculos.

* **Plutão em Aquário:** A necessidade de mudança social aqui está ligada a transformações que buscam se concretizar por meio de ideais coletivos. Esta configuração é marcada por tendências humanitárias, mas também por um pensamento utópico. A rebeldia convive com o desejo de compartilhar ideais e de contribuir para um coletivo que regenere o presente, podendo ocorrer lutas de poder entre grupos que pensam diferente.

Plutão e as casas

A posição de Plutão em cada casa influenciará a análise de sua presença no mapa. Você encontrará uma descrição detalhada de cada uma das posições na seção referente às casas.

Plutão e os aspectos

A interação com os outros planetas no mapa natal permitirá avaliar a relação que Plutão estabelece com o conjunto. Você pode consultar a seção de aspectos para informações mais detalhadas.

CAPÍTULO 5

O CENÁRIO

AS CASAS E OS ÂMBITOS DA VIDA

NA ASTROLOGIA, AS CASAS REPRESENTAM ESPAÇOS DA VIDA, e cada uma delas mostra um lugar onde as energias dos planetas se manifestam. Existem doze casas no total, e cada uma delas é associada à realidade simbólica presente em cada signo. Assim, a Casa VI falará sobre o trabalho e a saúde, entre outras coisas, a Casa VII sobre o parceiro e os sócios, e assim por diante.

Existem diversos sistemas de casas, com variações significativas entre eles. Atualmente, o mais popular em nossa cultura é o sistema chamado Placidus, adotado como configuração padrão na maioria das aplicações. Esse sistema, embora apresente algumas limitações de cálculo, é muito adequado para iniciantes na astrologia humanista, por ser o mais amplamente utilizado. Se a esfera celeste fosse dividida em doze partes de 30 graus cada para formar os signos, as casas astrológicas seriam definidas a partir do que chamamos de Ascendente.

O ponto Ascendente, localizado no leste, marca o início de uma divisão em doze porções simbólicas que vão definir esses doze espaços da vida. O signo Ascendente é determinado pela hora do nascimento: o signo que estava ascendendo ao leste no momento do nascimento é o Ascendente. A partir dele, as outras casas serão construídas.

Se os planetas mostram um impulso energético, e os signos mostram a forma como esse impulso se expressa, as casas mostram a esfera da vida onde a manifestação ocorre.

De certa forma, a construção do mapa natal parte de duas polaridades essenciais: Ascendente (AC) e Descendente (DC), e Meio do Céu (MC) e Fundo do Céu (IC).

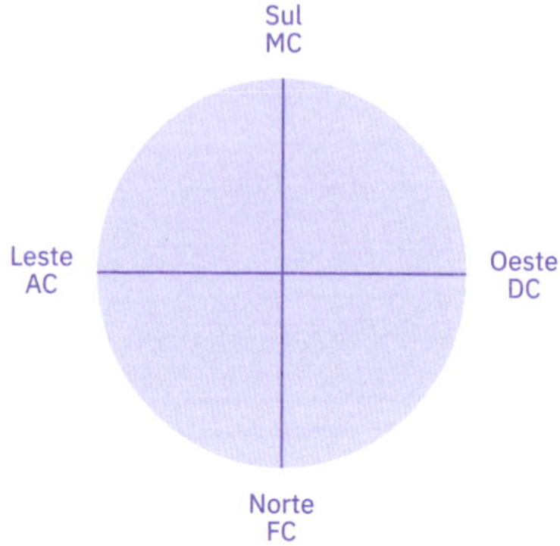

O Ascendente (ponto que sobe pelo leste) oferece informações sobre o indivíduo. O Descendente (ponto que desce pelo oeste) revela dados sobre quem está à frente, definindo a área do "outro".

O Meio do Céu (MC) é o ponto mais ligado à exteriorização da energia e se relaciona ao papel que se ocupa na sociedade, comparável aos galhos de uma árvore. No ponto oposto, temos o Fundo do Céu (*Imum coeli*, em latim), que define o aspecto mais íntimo e a vida privada, comparável às raízes de uma árvore.

Esses quatro pontos marcam o início das chamadas casas angulares. A Casa I começa no Ascendente, e sua cúspide (linha de início da casa) é o próprio Ascendente. A cúspide da Casa VII é o Descendente, a da Casa IV é o Fundo do Céu e a da Casa X é o Meio do Céu.

A essas quatro casas angulares adicionamos quatro casas chamadas sucedentes (II, V, VIII e XI) e outras quatro conhecidas como cadentes (III, VI, IX, XII).

OS DOZE ASCENDENTES

Antes de começarmos a definir o significado de cada casa, vamos falar sobre o Ascendente. Como mencionado, ele marca a cúspide (linha de início) da Casa I.

A importância desse ponto no mapa requer uma análise à parte. Além de indicar o início da Casa I, o Ascendente mostra a aparência externa do indivíduo, como é visto pelos outros, a visão que ele tem da realidade e, ao mesmo tempo, o caminho de aprendizado ao qual ele terá que integrar determinada natureza por meio das experiências vividas.

Ascendente em Áries

Tradicionalmente está associado a rostos angulosos, lábios finos e ao caminhar com a cabeça projetada para a frente, mas, além da aparência física, tende a moldar personalidades impulsivas e decididas. Muitas vezes essas atitudes não se manifestam imediatamente após o nascimento, fazendo parte de um caminho de aprendizado que será integrado ao longo dos anos.

As experiências vividas geralmente criam situações em que o nativo precisará aprender a manifestar seus interesses, assumindo que, caso não o faça, alguém poderá ultrapassá-lo. Por isso é associado à competitividade, à pressa e à necessidade de agir para se conectar com a própria iniciativa. A filosofia de lutar para conquistar as coisas e aprender a defender o que é seu serve de norte para estabelecer a autoafirmação.

Ascendente em Touro

Relacionado a rostos largos e a lábios carnudos, é comum encontrar certa sensualidade nas pessoas com Ascendente em Touro. A constância, a estabilidade, a vontade de gerar recursos e a ideia de obter recompensas a longo prazo são conceitos que marcam a vida desses nativos, que devem desenvolver a paciência. A sensação de que as coisas acontecem muito lentamente e a necessidade de que sejam agilizadas são aspectos característicos de seu caminho de aprendizado.

Situações como o contato com a natureza, a comida ou a influência de figuras que alcançaram realizações materiais após um processo de longo prazo estão relacionadas à vivência de uma energia que precisará aprender sobre os processos sustentados que se consolidam por meio da permanência.

Ascendente em Gêmeos

Ligado a um olhar vivo e expressivo, a movimentos ágeis e a uma aparência (ou atitude) juvenil, confere personalidades curiosas, comunicativas, adaptáveis, flexíveis e mentalmente inquietas. Muitas vezes essas características se desenvolvem ao longo dos anos, por meio de experiências em que o nativo precisará aprender a compartilhar com os semelhantes.

Não é raro encontrar relações significativas com irmãos, primos, colegas de escola ou amigos, nas quais o nativo deve trabalhar características próprias.

O volume de estímulos externos e a variedade de perspectivas apresentadas no ambiente serão aspectos a serem integrados.

Os nativos geralmente sentem que há muito a explorar e aprenderão a se conectar com a flexibilidade.

Ascendente em Câncer

Esta posição está ligada aos conceitos de cuidado e proteção, e se caracteriza por rostos redondos, pele mais clara do que o habitual e uma relação dual com a comida, considerando o alimento uma forma de amor. Em algum momento, o sentimento de desproteção também tende a surgir, muitas vezes após temer o abandono ou ter experimentado sensações relacionadas a ele.

Os vínculos afetivos com diferenças de idade (ou nos quais se alternam papéis de protegido e protetor) podem estar presentes.

Este nativo frequentemente enfrenta temores relacionados à ideia de paternidade ou maternidade, e outras relações ligadas à dependência afetiva são comuns no núcleo familiar. Em tudo isso, a conexão com a própria sensibilidade passa por sensações de vulnerabilidade que incentivam o indivíduo a amadurecer ao trabalhar seu próprio apoio e sua capacidade de sustentar.

Ascendente em Leão

Vozes vibrantes, cabelos característicos e aspectos associados ao porte são alguns dos traços físicos relacionados a esta posição. Atitudes vitais, generosas e positivas estão presentes, e o indivíduo precisa se conectar com aspectos ligados ao valor pessoal.

Os temas presentes ativam mecanismos que impulsionam o nativo a se reconhecer como indivíduo único. A insegurança derivada da comparação com os outros, as atitudes vaidosas que tentam compensar o medo de estar na sombra ou simplesmente a vontade de trabalhar no próprio valor são respostas possíveis na busca do espaço de expressão pessoal. Por isso, é comum estabelecer relações de admiração ou rejeição com figuras que não têm medo de estar no centro das atenções, especialmente quando o nativo ainda não encontrou sua própria forma de se expressar.

A necessidade de validação externa, os episódios de inibição ou os mecanismos de supercompensação devem ficar para trás a fim de que se encontre a própria segurança interior, que permita a expressão pessoal e genuína.

Ascendente em Virgem

Embora não se manifestem sempre da mesma maneira, as formas delicadas são, em geral, um traço físico tradicionalmente associado a esta posição. Isso nos permite mencionar um de seus conceitos-chave: a delimitação. Essa ideia assume diversas expressões, mas a vivência passa pela sensação de precisar se adaptar a um contexto com uma atitude discreta. O temor característico de se expor normalmente responde a essa necessidade de se integrar ao sistema de maneira modesta.

A visão analítica e crítica, junto à autocrítica, coexistem com a tentativa de estabelecer ordem nas rotinas. A saúde e a alimentação podem ser áreas em que se aplicam determinadas regras diárias para desenvolver seu potencial organizacional.

Ter vivido a escassez e aprendido a lidar com ela ou, ao contrário, ter crescido em contextos de opulência desconfortáveis para mostrar aos outros são modos de compreender uma realidade em que é preciso consciência de se ajustar ao sistema sem chamar a atenção, daí a modéstia ser outro traço associado a esta posição.

Relaxar o nível de controle e julgamento é um desafio presente em uma energia que precisará aprender a distinguir entre discrição e insegurança, o que pode resultar na repressão da espontaneidade para evitar críticas.

Ascendente em Libra

Quadris proeminentes, expressões agradáveis, às vezes sensuais, que convidam ao contato, e um caráter diplomático ou sociável são traços ligados a esta posição, caracterizada por aprendizagens relacionadas a relações. Tradicionalmente, pode-se associar esse caminho às relações de casal, mas ele pode assumir diversas formas. Em todas elas, a importância da interação entre duas partes que precisam chegar a um acordo será evidente.

Como sempre, suas manifestações podem ser variadas: filhos de um casamento de longa data, com o esforço que isso implica, filhos de pais separados ou de um pai que precisou cooperar com um sócio, dependência em relações amorosas, dificuldades para encontrá-las ou para chegar a acordos... Seja como for, o caminho de vida do Ascendente em Libra se configurará por meio de experiências relacionadas a vínculos, concessões, cooperação e codependência, nas quais o indivíduo deverá aprender a se ver também em relação ao outro.

Ascendente em Escorpião

O olhar penetrante que disseca está relacionado a uma posição que confere atitudes profundas, contidas e enigmáticas. A necessidade de conhecer a si e de explorar a profundidade do que cerca este nativo convive com o temor de se mostrar. Frequentemente, há uma atitude reservada.

Transformações ao longo da vida e a intensidade são temas presentes.

Em relação à intensidade, surgem duas atitudes opostas: uma, de quem não quer se envolver em situações intensas e precisa lidar com intensidades externas; e outra, de quem se conecta com sua intensidade por meio de ciclos de regeneração pessoal, às vezes contínuos. Em ambas as manifestações, será necessário compreender a existência de processos de transformação, lutos emocionais de qualquer tipo ou lutas de poder, assim como enfrentar possessividade, ciúme e certas obsessões.

Tudo isso pode estar presente em personalidades de aparência contida, mas que manifestam a mesma intensidade em seus relacionamentos íntimos, muitas vezes enfrentando medos que surgem nas relações afetivas.

Ascendente em Sagitário

Com uma energia fortemente ligada ao princípio da expansão, esta posição é associada a traços físicos como corpos altos ou robustos, dentes proeminentes e olhares brilhantes. O otimismo ou a confiança no mundo e na vida são áreas desejadas nessa expressão, que busca explorar horizontes além do conhecido, frequentemente se relacionando com pessoas idealistas, viajantes, estrangeiros, guias, dogmáticos, ou aqueles que convivem com sistemas de crenças filosóficas, políticas ou religiosas que levam a questionar a própria posição. Essas são situações que exemplificam o princípio de expansão que será vivenciado.

O impulso aqui tende a explorar o mundo sob uma perspectiva de abertura e entusiasmo, orientando-se a ir além do conhecido, de diversas maneiras, para encontrar o próprio caminho. Muitas vezes esse caminho só será encontrado quando se deixa de idealizar pessoas ou crenças que anteriormente ditavam as direções.

Ascendente em Capricórnio

Atitudes responsáveis e dedicadas, expressões sérias, olhares melancólicos, pele mais clara que o usual e o gosto por roupas escuras são características associadas a esta posição, muito voltada ao desenvolvimento da capacidade de se responsabilizar. Na vida desses nativos, com frequência há aprendizagens relacionadas à responsabilidade que se deve desenvolver para não depender externamente dos outros. Assim, a posição é associada a atitudes que veem a vida como um campo onde é necessário esforço.

Como acontece com o Ascendente em Câncer, pode haver relações de casal com diferença de idade ou em que se refletem mecanismos de proteção, assim como medo ou desinteresse em relação à maternidade ou paternidade, ou episódios em que o indivíduo tentou se apoiar em figuras externas, mas acabou desenvolvendo a autossuficiência. Seja como for, o caminho aqui deve ensinar a emancipar-se para prover a si, regulando a energia necessária.

Ascendente em Aquário

Braços longos e olhares dispersos são traços físicos associados a essa manifestação, vinculada à independência, liberdade, originalidade, ao imprevisível e ao sentimento de diferença em relação aos outros. Mudanças de rumo devido ao imprevisto, a busca por um caminho independente, maneiras de agir diferentes e o sentimento recorrente de não se encaixar no molde estabelecido pela maioria são realidades associadas a essa energia, ligada a vivências de experiências que frequentemente impulsionam a seguir caminhos fora dos padrões estabelecidos. Além disso, estabelecer compromissos pode ser desafiador devido à necessidade de buscar a própria liberdade de movimento.

Nesse contexto, o aprendizado passará por abandonar introjeções que limitam a atuação dentro de moldes restritos e também por aprender a ter flexibilidade diante das opções oferecidas pela vida quando se conecta com a própria espontaneidade e pensa além do estipulado.

Ascendente em Peixes

Mãos com dedos longos e finos, pés planos ou olhos bem abertos ou com ar sonolento são alguns dos traços tradicionalmente associados a uma manifestação de natureza sensível, idealista e, frequentemente, indecisa. A receptividade ao ambiente confere talento para desenvolver a própria percepção e grande capacidade criativa, embora também haja dificuldade em distinguir o que se sente do que acontece objetivamente.

Sua energia está profundamente ligada a aprendizagens relacionadas ao contato com realidades emocionais ou percepções sutis que vão além do meramente racional. Com frequência, este nativo viverá experiências nas quais estabelecer limites claros pode ser desafiador e terá que aprender a se guiar mais pelos instintos de suas sensações do que por lógicas objetivas. Também será comum vivenciar desilusões ao enfrentar a realidade.

O desafio será aprender a abandonar formas de controle e deixar-se levar pelo próprio instinto, além dos limites do racional e da estrutura, conectando-se ao fluxo das circunstâncias que frequentemente guiarão o nativo ao lugar que "deve" ocupar em cada momento.

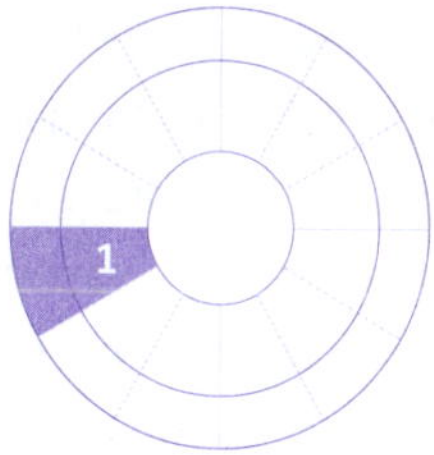

CASA I: O "EU"

- **Modalidade:** Angular
- **Elemento:** Fogo
- **Signo associado:** Áries
- **Palavras-chave:** Aparência, individualidade, constituição física, personalidade

---

A primeira casa expressa a individualidade de diferentes maneiras, pois nela nasce a ideia de um sujeito distinto do conjunto. Aqui se revela a natureza física do indivíduo, sua constituição, mas também seu gosto ao se vestir. Ela define a maneira como nos mostramos ao mundo e, em consequência, como somos vistos por ele.

Esta casa, que também fala do começo da vida do sujeito, define a vitalidade, a expressão individual, as qualidades que desenvolvemos, nossa maneira de perceber a realidade e lidar com situações novas, as experiências de aprendizado que teremos e a personalidade e o caráter, entendidos como aqueles traços que mostramos aos outros.

Os signos presentes na Casa I, tanto o do Ascendente quanto qualquer outro que o acompanhe, serão energias expressas externamente de maneira evidente. A ênfase dos planetas aqui tende a fomentar a iniciativa, a busca por autossuficiência e o individualismo. Você pode revisar os doze ascendentes para observar suas manifestações.

Os planetas na Casa I

★ **Sol:** Esta posição ocorre para quem nasceu perto do amanhecer e intensifica a autoexpressão, a vitalidade, a iniciativa e a busca por um propósito de vida. Confere capacidade de liderança e molda personalidades tendendo a se mostrar como são.

Associa-se tanto ao magnetismo pessoal, ao caráter independente e à generosidade quanto ao excesso de individualismo e egoísmo, especialmente presentes em configurações difíceis.

★ **Lua:** Enfatiza a necessidade de expressar emoções, que tendem a surgir mesmo quando tentamos disfarçá-las, e podem ser volúveis.

A receptividade ao olhar alheio confere intuição e habilidade para captar as sutilezas emocionais. Busca-se a compreensão do outro e pode haver sensibilidade excessiva aos julgamentos, manifestando tanto insegurança quanto empatia.

★ **Mercúrio:** Estimula a capacidade comunicativa, a curiosidade e a disposição para dialogar com o ambiente. Fazer perguntas e compartilhar o que se pensa são características desta posição, que confere habilidades para transmitir ideias próprias.

Dependendo do signo e da configuração global, será necessário evitar falar demais ou racionalizar em excesso.

★ **Vênus:** Tradicionalmente associado ao encanto pessoal e à beleza, confere cordialidade, simpatia, afabilidade e sociabilidade, e também tem sido relacionado com as capacidades expressivas e artísticas. Contudo, é importante controlar a autoindulgência e a vaidade, especialmente em configurações desarmônicas.

- **Marte:** Ativo, direto, independente e seguro de si, confere iniciativa e configura uma personalidade veemente, com desejo de desafios e de passar à ação.

  Apaixonado e enérgico, deve cultivar a paciência e moderar o temperamento e a impulsividade para não entrar em disputas ou batalhas precipitadas.

- **Júpiter:** A confiança em si e na vida confere uma disposição que facilita a expansão nas interações com os outros.

  Este posicionamento tem sido tradicionalmente associado à abundância e à boa sorte. Tende a conferir uma disposição aberta e se relaciona com a honestidade, os princípios éticos e a capacidade de liderança derivada do otimismo. No entanto, deve-se evitar atitudes excessivamente confiantes, exageros e a presunção.

- **Saturno:** Sob uma perspectiva tradicional, se em conjunção com o Ascendente, pode estar associado a dificuldades ou atrasos no momento do nascimento, bem como a impedimentos físicos. Sob uma ótica humanista, é um aspecto caracterizado principalmente pela responsabilidade, maturidade e seriedade, mas também pela inibição, rigidez e timidez ao interagir com os outros.

  Geralmente se manifesta sob uma aparência de parcimônia e contenção, e pode gerar certa insatisfação, exigência e autocrítica, dificultando a expressão espontânea. Frequentemente se constrói uma barreira no contato devido ao temor de vulnerabilidade ao se expor. Assim, o nativo precisará fortalecer a confiança em si e nos outros para diminuir a rigidez interna.

- **Urano:** A energia desse posicionamento tende a querer quebrar barreiras ou limitações para explorar além do estabelecido. A rebeldia, a originalidade e o desejo de ser independente são traços comuns, quase sempre ligados a esta posição. Sua influência frequentemente estimulará transformações, e serão experimentadas mudanças de direção vital (podem também ser mudanças físicas). A necessidade de manifestar a liberdade e a sensação de ser diferente estará presente.

O caminho próprio geralmente se mostra por meio de situações inesperadas que forçam a mudança de rumo ou pela necessidade de explorar outras formas. O trabalho aqui consistirá em permitir as mudanças para entender a própria identidade como algo dinâmico, capaz de ser explorado a partir de diferentes perspectivas.

★ **Netuno:** Os conflitos para afirmar a própria identidade tendem a ser resultado de uma vivência psíquica que necessita, de maneira expressa ou secreta, da fusão com o todo. Isso se manifesta em personalidades empáticas, complacentes, sensíveis, criativas e intuitivas, que se sentem à vontade fluindo com a realidade, mas enfrentam obstáculos ao tentar tomar decisões.

A dificuldade em ter uma imagem definida de si pode gerar atitudes passivas, subservientes e, por vezes, indolentes, projetando no mundo uma impressão de acordo com o que acreditam que o mundo espera. Além disso, as metas e objetivos individuais frequentemente são condicionados pelo medo de expressar uma necessidade pessoal que comprometa essa união com os outros.

Por outro lado, a capacidade de cura, as aptidões para captar os outros e as faculdades psíquicas são dons relacionados a este posicionamento.

É importante estar ciente da tendência a criar vínculos de dependência emocional, tentando salvar quem não pediu, a fim de perpetuar a fusão com o outro e de evitar enfrentar a tarefa de expressar a própria individualidade.

★ **Plutão:** Plutão não é amigo da superficialidade nem do que está estagnado, e a Casa I tende a comportar aprendizados que envolvem lidar com uma realidade que só se conecta por meio da profundidade e intensidade.

Sob uma perspectiva tradicional, se em conjunção com o Ascendente, pode estar ligado a partos difíceis ou experiências próximas da morte no momento do nascimento, mas, logicamente, muitas vezes isso não ocorre dessa forma. Está associado a presenças resistentes e magnéticas que contêm um vulcão em erupção, mas, como sempre, o arquétipo pode se manifestar de várias maneiras. Alguns exemplos incluem transformações físicas, mudanças de estilo de vida, a necessidade de se libertar do que não serve mais, lutas de poder, o medo da dominação ou atitudes que tentam conter um intenso impulso interior difícil de controlar.

Às vezes é o próprio nativo que opta por arrancar as camadas mortas do que, embora doloroso, precisa ser regenerado, mas outras vezes força a situação para que outra pessoa o faça. Pode propiciar atitudes que lutam entre contenção e liberação de uma intensidade difícil de manter sob controle. Independentemente da forma, esta posição envolve profundos aprendizados relacionados a uma intensidade com a qual o nativo precisará aprender a dialogar.

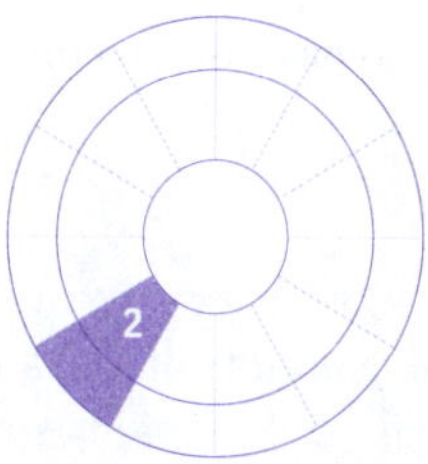

CASA II: OS RECURSOS

- ★ **Modalidade:** Sucedente
- ★ **Elemento:** Terra
- ★ **Signo associado:** Touro
- ★ **Palavras-chave:** Recursos pessoais, segurança, autoestima, valores, bens materiais, finanças, rendimentos, posses

---

Com frequência, a segunda casa é definida como a casa do dinheiro, e, embora isso seja verdade, é essencial entender por que associamos esse posicionamento ao aspecto financeiro.

A Casa II está relacionada aos recursos próprios, independentemente da forma que assumam. Devemos entender recursos como tudo aquilo que é necessário para proporcionar segurança. Esse setor do mapa astral revela, portanto, a relação que estabelecemos com o dinheiro e nossa habilidade para ganhá-lo ou administrá-lo. No entanto, ele também indica do que precisamos para manter uma autoestima saudável, o que desejamos alcançar na vida e quais são nossos recursos internos e pessoais de maneira geral.

Se essa casa for influenciada por Peixes, por exemplo, pode indicar tanto uma gestão desapegada e pouco cautelosa dos bens materiais quanto a obtenção de dinheiro por meio de atividades relacionadas ao signo. Também pode revelar a necessidade de confiar no fluxo da vida para encontrar segurança. Já uma Casa II influenciada por Áries pode descrever alguém que precisa ser economicamente autossuficiente para se sentir realizado ou que gasta de modo impulsivo. Por outro lado, com Gêmeos, a autoestima pode estar ligada à capacidade comunicativa ou à inteligência.

Um forte destaque planetário na Casa II sugere a necessidade de fazer germinar os recursos a fim de obter segurança. Para compreender melhor as manifestações de um signo nas casas, recomenda-se revisar o parágrafo final de cada signo.

Os planetas na Casa II

- **Sol:** Há necessidade de definir a própria segurança e certa resistência a qualquer forma de dependência externa que ameace a autossuficiência.

  Prático e perseverante, o Sol nesse setor busca prover-se do necessário e tende à generosidade, esperando, às vezes, certo reconhecimento. A habilidade para lidar com aspectos financeiros é apenas um dos modos de esse arquétipo trabalhar a segurança interna por meio das conquistas. Deve-se evitar ostentação, desperdício e materialismo excessivo.

- ★ **Lua:** A segurança material é essencial para garantir a segurança emocional. Isso pode se manifestar como necessidade de estabilidade financeira ou apego a bens materiais. Esta posição confere também sensibilidade para perceber as necessidades dos outros e transformá-las em algo concreto.

  No entanto, as finanças podem ser instáveis ao longo da vida.

- ★ **Mercúrio:** De mentalidade prática, esta posição confere habilidade para lidar com dinheiro, negociações e acordos comerciais, sendo comum a existência de múltiplas fontes de renda. O conhecimento também é considerado um recurso, e pode haver grande vontade de aprender. No entanto, para assimilar o aprendizado, é necessário colocá-lo em prática.

- ★ **Vênus:** Há facilidade para atrair o que é necessário e talento para gerar recursos financeiros. A valorização do dinheiro está ligada ao prazer de gastar e desfrutar da vida.

  Contudo, pode haver tendência ao excesso ou ao desperdício, que precisará ser controlada.

- ★ **Marte:** O desejo de independência financeira e a iniciativa para conquistar o que se almeja são características marcantes desta posição. A vontade de ganhar dinheiro convive com a impaciência, a impulsividade nos gastos e a tendência ao desperdício.

  É necessário amadurecer a relação com as posses para desenvolver uma abordagem mais equilibrada.

- ★ **Júpiter:** Além da conexão com aspectos propriamente financeiros, esta posição concede confiança na prosperidade e na própria capacidade dos recursos internos.

No âmbito econômico, essa confiança pode ser uma promessa de abundância, mas também de uma tendência a gastar mais do que se tem — duas faces de uma mesma realidade simbólica, na qual será necessário evitar os excessos para administrar com mais sensatez.

★ **Saturno:** O medo de não obter segurança material em geral — e econômica em particular — é a manifestação mais evidente desta posição, que tende a gerir o que possui com uma sobriedade muitas vezes excessiva. Embora, em muitos casos, possa ter existido necessidades econômicas reais que moldaram essa relação com os próprios bens, em outros a origem do temor não é tão clara.

Por outro lado, não é incomum que, em vez de se direcionar ao dinheiro, esse medo recaia sobre outros recursos internos (conhecimentos, capacidades etc.), transformando-se em insegurança para se sustentar ou em receio de escassez ao se desfazer deles, independentemente de sua natureza.

Flexibilizar a vontade de reter e compreender que tudo está em permanente movimento é um aprendizado necessário.

★ **Urano:** Tradicionalmente associado a altos e baixos financeiros e à busca por independência econômica, a liberdade e a estabilidade serão, do ponto de vista evolutivo, conceitos que frequentemente entrarão em conflito, impulsionando períodos necessários de reinvenção e criatividade para lidar com eles. Muitas vezes as mudanças que se precipitam nesses âmbitos surgem quando as bases construídas começam a estagnar o próprio desenvolvimento.

Com tudo isso, esta posição manifestará a tendência a enfrentar crises de valores que levam a reflexões sobre o que é verdadeiramente importante.

★ **Netuno:** Não dar importância aos bens materiais, viver desilusões após investimentos mal planejados, ter dificuldade para economizar, sentir pudor ao reivindicar o que lhe pertence ou até mesmo dar aos outros o que se tem (e o que não se tem) são expressões possíveis de Netuno nesta posição. A necessidade de fusão com o todo atuará aqui, gerando dificuldade em estabelecer limites dentro de uma esfera da vida que exige pragmatismo.

Pode-se sentir uma espécie de incompetência ou má sorte na gestão de posses que parecem triviais para a maioria, além de certa culpa em relação ao dinheiro, oriunda da dificuldade em traçar limites entre o que é próprio e o que é compartilhado. Também pode ser penoso concretizar recursos internos e definir aptidões pessoais, e, ainda que existam múltiplos talentos, será necessário trabalhar a disciplina para desenvolvê-los de maneira prática.

As experiências vividas com Netuno na Casa II ensinarão a dar valor real às posses, compreendendo que elas fazem parte da realidade material na qual nos movemos.

★ **Plutão:** Esta manifestação pode se expressar de diversas formas: desde a necessidade de exercer o controle sobre os próprios bens até o medo de possíveis ameaças que comprometam as posses — temores que frequentemente semeiam certa desconfiança, impulsionando a necessidade de proteger o que é seu. Por isso, há uma tendência ao sigilo quanto ao que se possui, em uma tentativa de lidar com essa sensação de perigo.

Associar o que se tem ao poder pessoal frequentemente leva o indivíduo a exercer um controle rigoroso sobre suas finanças — seja acumulando, investindo para obter mais ou sentindo uma necessidade obsessiva de proteger o próprio patrimônio. Justamente por esse temor, há habilidade para gerar dinheiro e administrá-lo, mas também uma tendência a enfrentar crises econômicas que exigem transformações na situação em que se está.

Em todas as suas formas, Plutão na Casa II tende a manifestar uma sensação de ameaça e medo da privação, algo que exigirá o desenvolvimento da confiança na própria capacidade de sustento para ser superado.

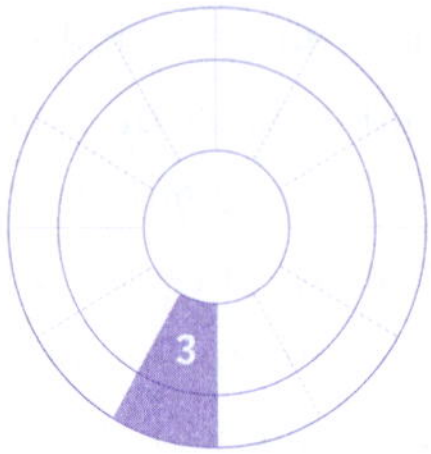

CASA III: A COMUNICAÇÃO

* **Modalidade:** Cadente
* **Elemento:** Ar
* **Signo associado:** Gêmeos
* **Palavras-chave:** Comunicação, irmãos, mente concreta, ensino básico, vizinhos, viagens curtas

Na terceira casa, encontramos temas ligados de diversas formas à comunicação, por exemplo, a maneira de falar e escrever, o estilo de aprendizado, o processamento mental, a mente concreta e o modo de pensar em geral. Também estão representados a escolarização inicial, viagens curtas, vizinhos, irmãos, primos e colegas de escola. Assim, essa casa mostra um setor do mapa que não se concentra apenas na mente e no aprendizado, mas também na capacidade de nos expressarmos racionalmente para interagir com os outros.

Aqui, Escorpião pode indicar tanto uma mente inquisitiva, perspicaz e obsessiva quanto intensidades e transformações derivadas da relação com irmãos ou colegas de escola. Da mesma forma, a influência de Áries nesse setor pode predispor tanto à impaciência e à comunicação direta e rápida quanto a discussões com vizinhos ou rivalidades com irmãos e colegas. Você pode ampliar as informações sobre as manifestações de um signo nas casas revisando o parágrafo final de cada signo.

Planetas em destaque na Casa III incentivarão a necessidade de se comunicar, aprender, mudar o foco de interesse e se manter informado. Como sempre, há uma ampla variedade de manifestações possíveis, mas essa casa oferece informações sobre nosso pensamento e sobre a maneira como o transmitimos ao nosso entorno imediato.

Os planetas na Casa III

★ **Sol:** De natureza curiosa, o Sol nesta posição confere uma mente desperta, habilidade para a comunicação e predisposição para a interação social. Como há grande interesse em compreender a realidade, essa configuração leva à busca por informações e à realização pessoal por meio do aprendizado. Conectar-se ao conhecimento e expressar-se por meio dele são características marcantes, mas é importante evitar supervalorizar a dimensão intelectual da realidade.

★ **Lua:** Esta posição está associada à capacidade comunicativa, principalmente pela tendência a transmitir emoções por meio das ideias. Isso se relaciona com a necessidade de expressar sentimentos, com a adaptação ao ambiente, às vezes de forma mimética, e com a obtenção de segurança emocional pelo aprendizado e pela transmissão de informações. Deve-se moderar a inconstância que surge da necessidade de explorar diferentes formas de conhecimento.

★ **Mercúrio:** A curiosidade intelectual caracteriza esta posição, que confere habilidade para o estudo, o ensino, a escrita e qualquer área que exija capacidade comunicativa. Devido à versatilidade, não há grande inclinação para se concentrar por longos períodos em uma única tarefa, mas, sim, para lidar com múltiplas atividades.

Há necessidade de movimento e estímulos variados no ambiente próximo para satisfazer a curiosidade.

- **Vênus:** O encanto na maneira de se expressar tende a dotar o indivíduo de persuasão. A eloquência e as habilidades para a escrita e a expressão criativa são formas comuns de manifestação. No entanto, essa influência também pode levar ao excesso na tentativa de seduzir constantemente e gerar dificuldade para expressar opiniões por medo de conflito.

- **Marte:** Direto e ágil mentalmente, esta posição tende a descarregar energia no debate. A franqueza ao opinar é comum, sendo necessário evitar confundir paixão com agressividade.

  Canalizar a impaciência e a impulsividade em atividades físicas pode ser essencial, especialmente na infância, para evitar conflitos no ambiente próximo.

- **Júpiter:** Há um desejo natural de aprender, se comunicar e trocar ideias, além de uma tendência tradicionalmente associada a boas relações com irmãos. Idiomas e formações acadêmicas podem ser áreas ativas, pois há grande valorização da expansão do conhecimento como meio de ampliar perspectivas. Deve-se evitar a dispersão e o excesso de aprendizado sem aplicação prática, favorecendo a perseverança e o foco.

- **Saturno:** Dificuldades na compreensão ou na comunicação, restrições significativas na educação primária, desafios na relação com irmãos ou até mesmo dúvidas sobre a própria capacidade intelectual são possíveis manifestações desta posição. Ela se caracteriza, sobretudo, pela sensação de insegurança nessa área da vida.

  Como reação a essa insegurança, é comum buscar respostas por meio do aprendizado contínuo, agarrar-se a ideias fixas para obter segurança ou supercompensar o medo do isolamento de outras maneiras. No longo prazo, essa insegurança pode levar a uma profunda compreensão, derivada da reflexão e da análise cuidadosa.

- **Urano:** O pensamento independente e as ideias originais são traços marcantes desta configuração, que pode intensificar o interesse por áreas de estudo incomuns ou por formas de pensamento não convencionais. Esta posição está associada tanto à genialidade quanto a possíveis distúrbios psíquicos, pois em ambos os casos há um rompimento com padrões convencionais.

  De uma perspectiva tradicional, alerta-se para o risco de acidentes e para a possibilidade de ter irmãos excêntricos ou com trajetórias de vida incomuns. De qualquer forma, o pensamento tende a ser progressista e busca, acima de tudo, independência intelectual. A rebeldia e a necessidade de provocar podem caracterizar seu lado mais sombrio.

- **Netuno:** Esta posição está ligada tanto à distração e ao devaneio quanto à intuição e à imaginação. Embora tradicionalmente relacionada a dificuldades de concentração, também pode indicar uma inspiração que favorece a expressão além dos limites convencionais.

  Algumas possíveis manifestações incluem desafios no pensamento concreto, tendência ao escapismo e à fantasia, habilidades mediúnicas, imaginação e sensibilidade aguçadas, conferindo aptidão para a escrita e a música. Netuno na Casa III promove um diálogo entre o mundo abstrato e a realidade concreta.

  Se houver irmãos, não é incomum que as relações com eles sejam marcadas por padrões de idealização, desilusão ou dependência.

- **Plutão:** O interesse em explorar o que está além do óbvio confere uma mentalidade profunda, investigativa e inquisitiva, com forte atração por temas ocultos. Algumas formas de manifestação incluem a obsessão por determinadas áreas de conhecimento, a necessidade de abordar tabus, a percepção da informação como poder ou simplesmente o desejo de aprofundar o conhecimento, rejeitando conversas superficiais. Tanto o magnetismo verbal e psíquico quanto o pensamento obsessivo são características possíveis desta posição.

Quando Plutão na Casa III associa o intelecto ao poder, pode haver uma tendência a manipular a perspectiva do interlocutor ou a querer "vencer" debates. Além disso, esta posição pode trazer intensidade para a relação com irmãos. Evitando essas tendências, é possível aproveitar a perspicácia para se destacar em áreas que exigem capacidade investigativa.

CASA IV: AS RAÍZES

- ⋆ **Modalidade:** Angular
- ⋆ **Elemento:** Água
- ⋆ **Signo associado:** Câncer
- ⋆ **Palavras-chave:** Raízes, lar, mãe (também pai), infância, fundamentos

O lar, o pai e a mãe, a família, os alicerces, a pátria ou os bens imóveis são aspectos derivados de um mesmo tema central: as raízes. É nelas que se concentra a quarta casa. Em uma visão mais tradicional, ela trata tanto do início quanto do fim da vida, mas também de sua finalidade em si.

Aqui encontramos o espaço íntimo ao qual recorremos quando estamos sozinhos. Dessa forma, uma Casa IV em Gêmeos pode indicar tanto duas residências ou duas figuras que exerceram os papéis de pai ou mãe, quanto o gosto pela leitura e pelo aprendizado nos momentos de recolhimento. Já a influência de Aquário nessa casa pode demonstrar a necessidade de se rebelar contra padrões familiares estabelecidos, certo desapego em relação à família ou um lar que foge às convenções. Para ampliar a compreensão sobre as manifestações de um signo nas casas, consulte o parágrafo final de cada um dos signos.

Compreender a quarta casa é simples se a imaginarmos como um refúgio onde buscamos a segurança proporcionada por algo que nos pertence, seja na forma da família próxima, seja em um espaço próprio de solitude. Um destaque planetário nesse setor reforça a necessidade de construir um lar baseado em vínculos profundos e enraizados, além de ressaltar a importância da intimidade, das relações familiares e do passado.

Os planetas na Casa IV

★ **Sol:** De natureza introspectiva e, por vezes, introvertida, traz a necessidade de explorar o próprio interior. Fortes laços familiares costumam influenciar o desenvolvimento individual, sendo comum que a relação com um dos pais tenha tido grande impacto.

Para se realizar plenamente, o nativo precisará de um espaço de intimidade que lhe permita conhecer-se a fundo e compreender a si para além de sua identidade familiar.

★ **Lua:** Sentimentos de apego ao lar de origem, necessidade de criar raízes na família constituída ou um forte senso de pertencimento ao passado são algumas formas de manifestação desta posição. A intimidade familiar é valorizada, e há uma tendência a buscar segurança no ambiente doméstico. No entanto, deve-se tomar cuidado para evitar relações de dependência excessiva com o núcleo íntimo.

★ **Mercúrio:** O pensamento e as formas de raciocínio costumam ser bastante influenciados pelos pais e pela família. Não é raro haver um ambiente intelectual em casa ou a presença marcante de livros.

Seja qual for a manifestação específica, esta posição indica que a expressão da mente ocorre de forma mais natural em ambientes de confiança, como no lar. Também pode haver interesse por investigações sobre o passado ou mudanças frequentes de residência.

* **Vênus:** Há um forte desejo de harmonia no lar e nas relações familiares. Se não houver indicações contrárias no restante do mapa, esta posição sugere boas relações no âmbito doméstico. Também é comum um cuidado especial com a estética do lar e uma grande valorização do conforto e da beleza no espaço pessoal.

* **Marte:** Independentemente de haver ou não conflitos familiares, há o desejo de afirmar a própria vontade nesse setor da vida. Pode haver necessidade de investir energia na construção de um espaço próprio, separando-se do lar de origem para assumir o controle sobre seu próprio ambiente.

  Este posicionamento também pode indicar dificuldade para expressar abertamente a agressividade, levando o nativo a manifestá-la no âmbito íntimo. É importante moderar disputas com os pais e conflitos familiares para cultivar um ambiente mais harmônico.

* **Júpiter:** Tradicionalmente considerado um posicionamento afortunado para a vida familiar e íntima, pode haver relações próximas entre a família e o exterior, seja por meio de viagens ou de conexões com o estrangeiro. A relação com os pais tende a ser harmoniosa, e é comum receber apoio deles de diferentes maneiras.

  Esta posição predispõe a uma busca intensa por conforto no lar e a um rico mundo interior.

* **Saturno:** Pode haver uma sensação de carência afetiva ou desproteção, bem como o medo de não encontrar segurança emocional e íntima. Dificuldades para expressar afeto, rigidez emocional no ambiente familiar ou responsabilidades precoces na infância são algumas das possíveis manifestações desta posição. O aprendizado aqui envolve o desenvolvimento da autossuficiência emocional.

Na vida adulta, pode surgir um paradoxo entre a necessidade de segurança afetiva e o medo de se expor emocionalmente. De qualquer modo, a maturidade do indivíduo passará por compreender as raízes desse mecanismo.

- **Urano:** Traz instabilidade ao setor doméstico. O nativo pode sentir-se deslocado em relação à família de origem, além de ser comum haver mudanças de residência, lares pouco convencionais ou uma necessidade de se distanciar do modelo familiar tradicional. A busca por independência e individualidade se destaca.

  Urano na Casa IV estimula a construção de um centro interno sólido e coerente com a própria essência, indo além da busca por estabilidade externa.

- **Netuno:** Pode levar a uma visão idealizada da família e da infância. Também pode manifestar-se como uma dificuldade em estabelecer conexões profundas com um dos pais, levando o nativo a criar um ideal para preencher essa lacuna.

  Outra possibilidade é o envolvimento com figuras paternas frágeis, que precisaram de apoio, gerando uma sensação de obrigação e dívida emocional. Independentemente da forma específica, esta posição tende a despertar uma nostalgia intensa e um medo do desapego, impulsionando a busca por um lar que traga real pertencimento.

- **Plutão:** Está relacionado a questões familiares e, sobretudo, a traumas infantis que se arrastam na vida adulta e podem gerar uma dor que se tenta manter escondida debaixo do tapete.

  Embora episódios desse tipo sejam frequentes no ambiente familiar ou na infância, essa energia pode se manifestar de muitas outras formas, que devem ser analisadas dentro do contexto. No entanto, sua essência envolve a coragem de explorar a vulnerabilidade que surge nos vínculos de intimidade, revelando o medo de que a segurança emocional seja abalada. Em alguns casos, esse temor pode levar a exigências dentro dos relacionamentos afetivos, na esperança de encontrar a segurança desejada. Em outros, pode resultar na tentativa de silenciar a própria angústia para evitar confrontá-la. Conflitos familiares também podem emergir e, para serem superados, precisarão ser trazidos à tona e encarados com honestidade.

O mapa individual indicará a forma específica dessa influência, mas a presença de Plutão na Casa IV tende a despertar uma sensação de ameaça na esfera íntima, que precisará ser transformada por meio do enfrentamento de feridas emocionais ainda não cicatrizadas.

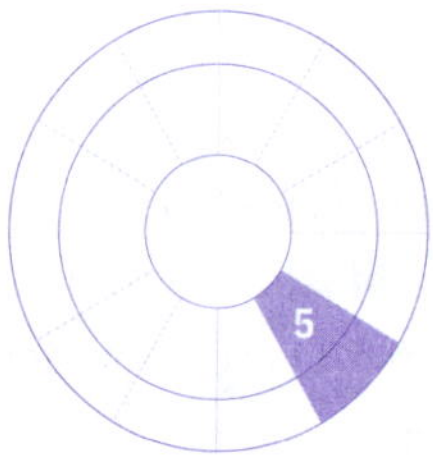

CASA V: A AUTOEXPRESSÃO

- **Modalidade:** Sucedente
- **Elemento:** Fogo
- **Signo associado:** Leão
- **Palavras-chave:** Criação, autoexpressão, filhos, romance, diversão, hobbies

A autoexpressão, a diversão, o prazer e o romance são temas próprios de uma casa que também expressa a necessidade de produzir e criar; por isso, está ligada aos filhos como criações próprias. Na Casa V encontramos, de certo modo, o instinto que nos leva a querer deixar nossa marca no mundo, seja por meio da descendência ou da criação artística. A sexualidade, entendida como fonte de prazer, também faz parte deste setor do mapa.

Da mesma forma, esta casa reflete a habilidade de se relacionar com a infância, seja com filhos próprios ou não, além da necessidade de se conectar com a própria espontaneidade e, acima de tudo, a capacidade de expressar o próprio "eu" infantil. Partindo desses princípios, uma Casa V em Capricórnio pode indicar a necessidade de superar certa inibição antes de se conectar com as capacidades expressivas necessárias para a evolução, enquanto em Áries pode revelar tanto uma atitude apaixonada e marcada pela iniciativa quanto a competitividade no campo criativo, ou filhos com características arianas.

Como sempre, tudo depende da configuração geral do mapa, mas este setor fala da maneira como nos relacionamos com a autoexpressão, inclusive no romance. Um destaque na Casa V concentrará parte da energia em se expressar, criar, sentir prazer e viver experiências apaixonadas.

Você pode aprofundar a compreensão sobre as manifestações de um signo nas casas consultando o parágrafo final de cada signo.

Os planetas na Casa V

★ **Sol:** Seja por meio de atividades lúdicas ou criativas, pelo contato com crianças ou por práticas que permitam irradiar vitalidade, este Sol sente atração pelos prazeres, pelo romance e pelos aspectos da vida ligados ao desfrute.

Deve-se moderar o hedonismo e a necessidade de ser o centro das atenções, especialmente em configurações desafiadoras.

★ **Lua:** A busca pelo prazer e pelo desfrute convive aqui com o romantismo e a necessidade de se expressar, o que favorece habilidades criativas. Embora seja comum um espírito extrovertido e lúdico, pode haver necessidade de alternar esses momentos com períodos de introspecção.

Não são raras oscilações nos relacionamentos amorosos, causadas especialmente por variações nas próprias necessidades. Independentemente de ter filhos ou não, há facilidade em se conectar com crianças.

★ **Mercúrio:** Indica habilidade para transmitir ideias, criatividade e uma inclinação natural para buscar a diversão. Também é comum a atração pela expressão oral ou escrita, além da necessidade de comunicação e de manifestar capacidades intelectuais.

Há uma tendência a se apaixonar por pessoas com modos de pensar semelhantes.

★ **Vênus:** Além de valorizar a expressão criativa e a capacidade de se divertir, essa configuração inclina a uma vida amorosa intensa, às vezes com múltiplos romances, pois tradicionalmente realça a importância destes na vida e favorece essa predisposição. Também facilita o trato com crianças e, frequentemente, a expressão artística. Deve-se evitar excessos no desfrute.

★ **Marte:** O entusiasmo e a vitalidade são características marcantes, tornando essencial a liberação frequente de energia física. Favorece o espírito competitivo. Jogos, esportes e atividades artísticas são boas formas de expressão.

No amor, destaca-se pela paixão e pela busca de romance e conquista. Entretanto, é necessário moderar a impulsividade e desenvolver mais paciência.

★ **Júpiter:** A busca por bons momentos é uma característica recorrente neste posicionamento, que também amplia a criatividade, o espírito aventureiro e o romance. Conectar-se com a própria espontaneidade e se expressar é essencial para a realização pessoal, levando o indivíduo a zelar por esses aspectos, mesmo em circunstâncias adversas.

Deve-se, no entanto, moderar a constante busca por expansão e a percepção exagerada da própria importância.

★ **Saturno:** A astrologia clássica associa este posicionamento a restrições tanto em relação aos filhos quanto ao romance. Embora isso nem sempre se manifeste de maneira literal, é importante compreender o conceito.

A Casa V, como vimos, é o setor do romance, do prazer e da criatividade, e por isso também representa os filhos, que são criações próprias. Sob uma perspectiva evolutiva, Saturno nesta casa tende a limitar a capacidade de expressão e de desfrute, trazendo uma carga de responsabilidade ou inibição à espontaneidade e ao prazer. Pode haver um temor de não ser bem recebido ao se expressar de maneira genuína, ou inseguranças ao manifestar a criatividade e os sentimentos. Outra manifestação comum é sentir que os outros conseguem ser espontâneos com mais facilidade.

Essas são formas possíveis dessa influência, que, quando compreendida, pode permitir o desenvolvimento de um papel responsável como progenitor ou a construção de compromissos sólidos e maduros, seja com os outros ou com suas próprias criações.

★ **Urano:** O encantamento espontâneo é frequente e pode se dirigir a outra pessoa, mas também a um hobby, um projeto ou qualquer outro interesse. Urano na Casa V se caracteriza pela necessidade de expressar uma grande energia criativa, muitas vezes de maneira leve e despreocupada. A estabilidade amorosa pode ser desafiada pela busca constante por novas experiências que mantenham o entusiasmo e o prazer.

A relação com crianças pode ter um caráter de igualdade, com pouca inclinação à imposição de disciplina. O indivíduo com Urano na Casa V pode ser visto como infantil por esse tipo de atitude.

Sua criatividade abundante deve ser direcionada para evitar cair em um comportamento errático, no qual se iniciam muitos projetos sem concretizar quase nenhum.

★ **Netuno:** Experiências românticas platônicas ou difíceis de concretizar são comuns, pois há uma tendência a idealizar o amor em si. Justamente a falta de definição dessas experiências permite que a idealização se mantenha. Além disso, a criatividade ganha grande importância, especialmente devido à necessidade de manifestar a influência de Netuno em um campo tão fértil e livre quanto a arte.

Quanto aos filhos, esta posição pode se manifestar de várias formas: o desejo intenso de tê-los, mas não conseguir; tê-los e, depois, perceber aspectos da realidade que não haviam sido considerados antes; conceber de maneira inesperada e encarar isso como uma grande responsabilidade; ter filhos que, por alguma razão, exigem mais dos pais do que o habitual; ou simplesmente filhos que são sensíveis e criativos. Seja como for, esta posição geralmente desperta sensações internas ligadas ao sacrifício.

★ **Plutão:** Este posicionamento é caracterizado pela necessidade de trabalhar o poder pessoal e pela busca por reconhecimento.

Há um forte desejo de ser visto como um indivíduo único, digno de amor e consideração. Além disso, a dignidade e a identidade própria precisam ser afirmadas como resposta a uma sensação interna de falta de reconhecimento por quem se é. Isso pode gerar conflitos de autoestima, raiva, sensibilidade extrema ou comportamentos de controle e manipulação no amor, além de disputas de poder e obsessões. A energia sexual pode oscilar entre impulsividade e repressão.

Como filhos, esses indivíduos podem ter sentido falta de reconhecimento e buscarão suprir essa necessidade na vida adulta; como pais, podem manifestar tanto um medo da paternidade quanto experiências intensas e transformadoras nesse papel, que os levam a confrontar suas próprias sombras.

A expressão criativa pode ser altamente terapêutica, servindo como um canal essencial para esses indivíduos, que precisam aprender a desenvolver um senso de valor pessoal vindo de dentro.

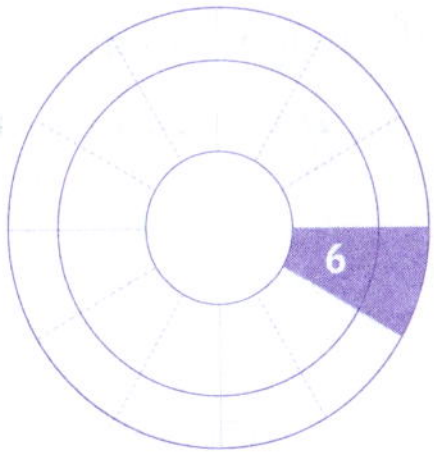

CASA VI: o servir

- **Modalidade:** Cadente
- **Elemento:** Terra
- **Signo associado:** Virgem
- **Palavras-chave:** Trabalho, saúde, rotina diária, servir, animais domésticos, hábitos

Quando nos referimos à Casa VI, tendemos a condensar seu significado no conceito de servir, entendido como o modo que encontramos de nos integrarmos ao mundo e a ideia pela qual colocamos nosso esforço à disposição de algo, seja o trabalho ou nossos hábitos de saúde. Encontramos nesta casa a energia que dedicamos ao cotidiano, a esfera profissional em geral, a rotina diária, os hábitos de higiene, o cuidado com o próprio corpo, a atitude em relação ao trabalho e nosso papel como empregados.

O relacionamento que temos com nossos colegas de trabalho, a atitude em relação ao próprio trabalho, nosso papel como empregados e nossos pets também fazem parte da Casa VI.

A influência de Aquário neste setor pode tender a buscar a liberdade de movimento ou inovação na esfera laboral, enquanto a energia de Touro tende a priorizar a estabilidade acima de outros valores. De maneira geral, nesta casa, Leão poderia predispor a patologias cardíacas, assim como Capricórnio a problemas ósseos, por exemplo. Um destaque de planetas na Casa VI configurará personalidades práticas, responsáveis, esforçadas e, muitas vezes, atentas aos hábitos e ao cuidado com a saúde.

Você pode ampliar as informações sobre as manifestações de um signo nas casas revisando o parágrafo final de cada um dos signos.

Os planetas na Casa VI

★ **Sol:** O dia a dia ganha importância em uma posição que predispõe ao senso prático e à gestão do que é rotineiro. O trabalho e as tarefas realizadas regularmente são essenciais para que a energia se manifeste, o que pode, por sua vez, gerar limitações na expressão da individualidade.

A saúde e os cuidados com o corpo também são áreas de interesse para nativos de natureza prática, dotados de aptidões para o servir e a organização.

★ **Lua:** As rotinas estabelecidas se tornam um foco para obter segurança emocional. A manifestação oscila entre a necessidade de aderir a certos rituais no cotidiano, a preocupação com a saúde, a dieta e os próprios hábitos, ou a tendência à hipocondria.

Esta posição está associada à vontade de se envolver emocionalmente no trabalho, seja ajudando ou criando vínculos com os colegas, às mudanças profissionais, a uma saúde instável condicionada pelo estado emocional e a profissões voltadas ao servir, à nutrição e ao cuidado.

★ **Mercúrio:** Detalhista e inclinado ao pensamento prático, Mercúrio nesta posição encara as tarefas de maneira analítica. Tende a zelar pelo bem-estar do corpo, a se concentrar na realidade profissional e a resolver as demandas cotidianas de maneira racional.

Será necessário buscar momentos de descanso para evitar que o nervosismo e o estresse afetem a saúde.

★ **Vênus:** Sentir conforto no ambiente de trabalho é essencial, pois é necessário encontrar prazer também nas atividades desempenhadas.

Da mesma forma, a busca por harmonia está presente no dia a dia, e o apreço pelos detalhes se reflete nas tarefas realizadas.

É comum haver dedicação ao cuidado com o próprio corpo.

★ **Marte:** Foge da monotonia e das restrições, buscando a realização por meio das atividades que realiza. Além disso, na esfera profissional, sente-se atraído por desafios. Expressar sua própria vontade no trabalho é uma maneira de liberar energia nas tarefas cotidianas. No entanto, a necessidade de seguir o próprio caminho pode gerar conflitos quando há imposição de regras que limitam a iniciativa.

É importante evitar o excesso de carga de trabalho e moderar o nível de exigência.

★ **Júpiter:** O nativo tende a ter oportunidades profissionais e a buscar o crescimento por meio delas, o que favorece sua entrega, mas pode dificultar o compromisso, devido à busca por novas possibilidades. Embora tradicionalmente também esteja associado a uma boa saúde, isso sempre dependerá do conjunto do mapa.

Será necessário moderar excessos no trabalho, na alimentação e em qualquer outro aspecto que possa afetar o organismo.

★ **Saturno:** A necessidade de organização, a busca por estabilidade no trabalho, a responsabilidade em relação à profissão e à saúde ou a adoção de uma postura rigorosa nas próprias rotinas são manifestações frequentes neste posicionamento, que encontra segurança ao manter essas áreas sob controle. Embora esta configuração tenha sido associada a problemas de saúde, isso não ocorre necessariamente. O que será observado, de fato, é a necessidade de cuidar dos próprios hábitos por meio da alimentação, do exercício físico e do estabelecimento de rotinas que garantam uma gestão sensata do cotidiano.

Evitar o nervosismo, o estresse e as tentativas de controle excessivo será essencial para não desenvolver problemas de saúde decorrentes dessas questões.

★ **Urano:** Inimigo das rotinas laborais, Urano na Casa VI precisa de mudanças no trabalho para evitar o tédio ou a sensação de falta de liberdade. A disposição para persistir diminui diante de tarefas repetitivas, e há necessidade de contato com a novidade. Profissões que permitam a diversidade de estímulos e a liberdade de ação são mais compatíveis com este posicionamento. Da mesma forma, este aspecto sugere maior afinidade com o trabalho autônomo do que com empregos que exijam seguir diretrizes rígidas.

Na esfera da saúde, Urano pode se manifestar por meio de doenças repentinas que exigem mudanças bruscas nos hábitos ou, simplesmente, de conflitos físicos resultantes do estresse ou de problemas no sistema nervoso. Terapias alternativas costumam ser adequadas para tratar possíveis enfermidades e também podem se tornar uma área de atuação profissional.

★ **Netuno:** Não são incomuns os problemas de saúde decorrentes de estados emocionais influenciados pelo ambiente. Hipocondria, ansiedade, alergias, doenças psicossomáticas ou difíceis de diagnosticar pela medicina convencional são manifestações possíveis.

A necessidade de manter um controle rigoroso das tarefas cotidianas, por medo de que o caos se instale, pode levar ao estabelecimento de rotinas rígidas. Em outros casos, pode haver o desejo de explorar o extremo oposto após períodos de controle excessivo.

No trabalho, a idealização pode se fazer presente, levando a desilusões entre expectativas e realidade, mas também pode resultar em uma postura de servir que se sacrifica pelo ofício, ainda que ele não corresponda ao que havia sido imaginado. Profissões ligadas à saúde e ao auxílio ao outro podem estar presentes.

Independentemente da vivência desse posicionamento, o impulso à imensidão associado a Netuno precisará dialogar com o cotidiano.

★ **Plutão:** Atitudes ritualísticas e compulsivas no dia a dia podem levar o nativo a seguir padrões obsessivos que, quando não cumpridos, geram uma sensação de ameaça.

Na esfera profissional, a intensidade desse arquétipo pode se manifestar de diversas formas, desde a obsessão com as tarefas ou transformações contínuas até tensões no trabalho resultantes de relações conflituosas com superiores ou subordinados, geralmente expressas por meio de conflitos de autoridade não declarados ou atitudes controladoras. Em outros casos, pode haver uma necessidade latente de mudar de emprego e abandonar o que é percebido como estagnado.

Se houver problemas de saúde, eles tendem a estar relacionados a causas emocionais que precisarão ser investigadas. Há também um grande potencial de regeneração e habilidades curativas.

Como podemos ver, a influência pode se manifestar de muitas maneiras, mas o nativo deverá compreender a força que seus próprios padrões mentais exercem sobre essas áreas.

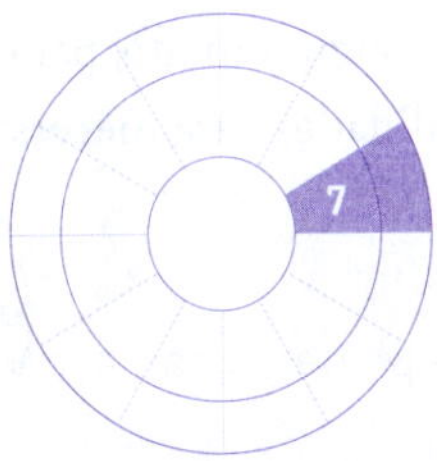

CASA VII: O OUTRO

★ **Modalidade:** Angular
★ **Elemento:** Ar
★ **Signo associado:** Libra
★ **Palavras-chave:** O outro, parceiro, sócio, projeção, compromisso, cooperação, rival, litígios

Se na Casa I focalizamos o que se refere a si, a Casa VII, sua oposta, contempla tudo aquilo que podemos relacionar com o outro, um lugar no mapa de interação onde tomamos consciência daquele que é diferente de nós, mas complementar, que temos à frente; o parceiro, o sócio, o aliado, mas também o rival, são influências expressas neste lugar do mapa.

O Descendente é o ponto de início de uma seção que aborda a cooperação, o casamento, o compromisso e também os litígios. Esta é uma casa profundamente vinculada ao mecanismo de projeção, onde tendemos a exteriorizar aspectos não integrados de nossa própria personalidade. Isso nos leva a buscar energias que complementem os traços com os quais nos identificamos.

A Casa VII em Virgem, por exemplo, pode sentir atração por personalidades práticas ou metódicas que ajudem a desenvolver o senso prático. A Casa VII em Escorpião, por outro lado, pode mostrar tendência a liberar a intensidade por meio de vínculos próximos e a viver processos de transformação associados aos vínculos afetivos. Em Touro, por sua vez, pode ansiar por encontrar no parceiro a estabilidade que pacifique os turbilhões internos.

Planetas destacados nesta casa conferirão especial importância às relações e aos vínculos. De algum modo, para desenvolver plenamente partes de nossa personalidade, será necessária essa interação com o outro.

Os planetas na Casa VII

★ **Sol:** A disposição para se relacionar com os outros é um dos temas centrais deste Sol, que se expressa na colaboração. É fato que esta posição predispõe a relacionamentos amorosos, mas também pode se manifestar em qualquer parceria cooperativa.

O desafio é equilibrar a expressão individual com os relacionamentos e trabalhar o excesso de dependência nos vínculos estabelecidos.

- **Lua:** A capacidade de responder às necessidades dos outros também confere aptidão para se relacionar. Por meio do relacionamento com um parceiro ou de outras formas, é frequente a necessidade de compartilhar. Às vezes, pode haver uma tendência a se envolver sentimentalmente ou hesitações para se comprometer, mas sempre haverá a necessidade de se conectar emocionalmente com o outro.

- **Mercúrio:** A vontade de dialogar com o outro é ampliada, e a capacidade de se relacionar e compartilhar perspectivas favorece associações e desenvolve habilidades diplomáticas. Há uma tendência a racionalizar os relacionamentos, e a visão deles pode ser analítica às vezes, crítica em outras.

  Precisa compartilhar ideias e perspectivas e se apaixona quando há estímulo intelectual, criando conexões mais mentais do que emocionais.

- **Vênus:** O trato afetuoso e a necessidade de estabelecer vínculos harmoniosos são os principais traços desta posição. A intimidade e a vontade de cooperar marcam o campo de manifestação dessa influência, que busca compartilhar.

  Deve moderar a necessidade excessiva de afeto e a dependência dos outros.

- **Marte:** Na esfera dos relacionamentos, o planeta da vontade pessoal tende a investir energia nos vínculos com os outros. Busca a cooperação, embora isso possa ser fonte de disputas por causa de diferentes perspectivas, da rivalidade ou de atitudes combativas de qualquer uma das partes. Não é incomum o desejo de conquista e, de algum modo, atrair os desafios onde possa projetar um impulso que, no fim, é pessoal. Será necessário trabalhar a diplomacia e aprender a cooperar.

★ **Júpiter:** Tradicionalmente, Júpiter na Casa VII favorece o casamento e os relacionamentos de modo geral. Evolutivamente, favorece a sociabilidade e uma atitude expansiva, que facilita o contato e o crescimento por meio dos relacionamentos e da cooperação.

★ **Saturno:** Na literatura astrológica clássica, este aspecto é associado a dificuldades e atrasos para contrair casamento ou a vínculos com pessoas mais velhas que o nativo, mas, além das interpretações literais, se entendermos a Casa VII como aquele espaço pertencente a um oposto complementar, Saturno neste lugar frequentemente manifesta restrições para encontrar a complementaridade perfeita, o que forçará o nativo a passar por uma série de aprendizados sobre a seriedade nos vínculos.

No nível primário, pode se manifestar como dificuldade para encontrar o parceiro estável adequado, mas, ao investigar mais a fundo, muitas vezes o nativo pode perceber seu próprio receio de construir um compromisso verdadeiro que vá além da mera busca pelo complemento ideal, socialmente falando. Com frequência, surgirão experiências que exigirão o autoconhecimento por meio do outro e a compreensão da verdadeira responsabilidade que o vínculo implica, sem temê-la.

★ **Urano:** Frequentemente a necessidade de independência interfere nos relacionamentos afetivos, e pode haver dificuldade para se adaptar ao outro. O fato de ceder pode ser percebido como a perda da própria liberdade.

O nativo também pode achar que não encontrou a pessoa certa, mas será necessário questionar honestamente até que ponto está disposto a ser flexível com o vínculo. Essa energia muitas vezes traz um medo inconsciente da ideia de "para sempre", pois é interpretada como sinônimo de uma rotina que envolve abrir mão de outras opções. Também se vincula a relacionamentos pouco convencionais, ao divórcio ou a uniões que começam tão rapidamente quanto terminam.

Do ponto de vista evolutivo, pode-se considerar que esta posição manifestará o melhor de si em relacionamentos que também permitam espaço para a própria liberdade.

★ **Netuno:** Sentir atração por pessoas espiritualizadas, sensíveis e criativas é a forma mais superficial de definir uma posição que geralmente busca um ideal no parceiro. Esse conceito tende a gerar relacionamentos que entram em conflito com a realidade, e desilusões são comuns quando o que se busca no vínculo afetivo é uma fusão total entre almas gêmeas. Em outros casos, pode surgir a dinâmica do salvador e do salvo, em que o nativo age como cuidador de alguém que não se valoriza, ou tenta resgatar essa pessoa da vida que leva, alimentando ideias de sacrifício.

Como sempre, existem várias formas de viver Netuno na Casa VII, mas todas elas envolvem processos necessários de perda da idealização que precisam ser enfrentados para concretizar relacionamentos que operem na realidade.

★ **Plutão:** Os relacionamentos com frequência envolvem intensidade e estão relacionados a crises ou transformações internas manifestadas nos vínculos com os outros. Por meio do parceiro, o nativo tende a entrar em contato com processos penetrantes de regeneração que exigem explorar as profundezas emocionais. Esta posição está, portanto, distante de vínculos afetivos tranquilos e estáveis, pois sua manifestação envolve viver a intensidade do arquétipo.

Obsessões, ciúme, dinâmicas de poder, crises, medos e lutos são campos de exploração associados a essa influência. Em outros casos, a intensidade nos vínculos pode causar um desgaste que leva o nativo a desistir de estabelecer relações profundas.

Independentemente de sua manifestação, o aprendizado nesta casa consistirá em entender que o outro não deixa de ser a materialização de uma força presente no próprio mapa e que, por meio do vínculo, podemos tomar consciência de aspectos de nossa personalidade que precisam ser transmutados.

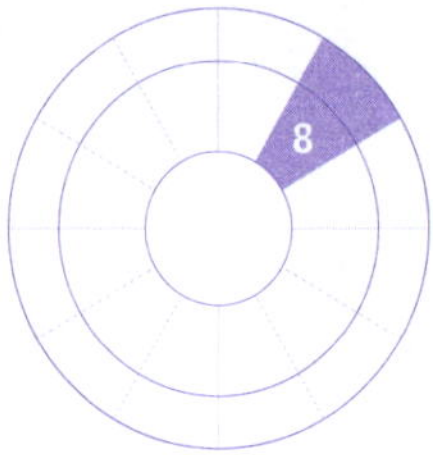

CASA VIII: AS TRANSFORMAÇÕES

- **Modalidade:** Sucedente
- **Elemento:** Água
- **Signo associado:** Escorpião
- **Palavras-chave:** Crises, morte, fusão, regeneração, sexualidade, heranças, legados e recursos compartilhados

---

Na astrologia tradicional, a casa que analisava a sexualidade era a Casa V, entendendo a sexualidade como uma atividade prazerosa. No entanto, na astrologia evolutiva contemporânea, a sexualidade também passou a ser associada à Casa VIII, considerando-a uma troca profunda com o outro.

Na Casa VIII encontramos temas relacionados à fusão e à transformação profunda. A morte, as crises, os processos regenerativos e o que está oculto fazem parte de um setor que também aborda os legados, heranças, perdas, gastos, medos e desejos não revelados.

Nesta casa, que trata da morte física, deixamos de ser indivíduos para nos conectarmos profundamente e nos fundirmos, enfrentando os medos que essa experiência implica. Esse é o contexto no qual a Casa VIII é interpretada na astrologia humanista contemporânea.

Se Gêmeos neste setor pode manifestar a necessidade de compreender o que permanece oculto ou de ter interesses diversos nos vínculos sexuais que estabelece, Virgem pode demonstrar contenção e uma busca meticulosa pela perfeição. Independentemente da forma como se manifesta, sempre considerando o mapa como um todo, na Casa VIII sempre encontraremos, de algum modo, um "eu" que se vê obrigado a tomar consciência da ideia de fusão.

Uma forte influência dos planetas na Casa VIII predispõe a processos de regeneração, bem como à presença de legados e de dinheiro compartilhado.

Os planetas na Casa VIII

★ **Sol:** A intensidade emocional e a regeneração manifestam ciclos que potencializam o autoconhecimento após o contato com realidades profundas, que vão além de si. Por isso, esta posição tende a estar associada a certas crises internas que se conectam com renascimentos dos quais se aprende para poder ver a si. O dinheiro, os legados, a intimidade e a sexualidade são temas ativos nesta posição, que confere aptidão para a regeneração e, quando bem aplicada, também capacita para curar os outros.

★ **Lua:** Psíquica e intuitiva, a Lua nesta posição tem a habilidade de captar correntes emocionais e o interesse pelo que está além das aparências. Devido a essa capacidade, é comum haver experiências iniciais que condicionem a relação com a intimidade e que envolvam uma reflexão profunda sobre ela e sobre o sexo.

Nas relações, há a necessidade de estabelecer uma união profunda e grande capacidade de regeneração para curar a si e ao outro.

★ **Mercúrio:** Dotado de grande perspicácia, Mercúrio na Casa VIII confere habilidades para analisar a realidade oculta além do que é aparente. Naturalmente observador do que está além e dado ao secretismo, sente-se atraído pela profundidade e tem grande capacidade de escrutínio.

Deve evitar confundir a habilidade de ir além da realidade com o excesso de complexidade nos pensamentos, que pode ser obsessiva.

★ **Vênus:** A intensidade tende a estar presente nos vínculos amorosos. Compartilhar a si profundamente com outra pessoa pode ser um tema recorrente. Se a relação envolve aspectos que se conectam com o oculto e o misterioso, um estímulo adicional está presente.

Com grande capacidade regenerativa, esta posição também está associada à habilidade de gerenciar recursos financeiros, sendo comum que uma parte deles seja compartilhada. Deve-se evitar cair na possessividade para criar vínculos saudáveis.

★ **Marte:** A busca por experiências transformadoras pode levar o nativo a tomar decisões ousadas. Investimentos e dinheiro compartilhado são áreas que se apresentam.

Na astrologia contemporânea, tende-se a considerar que, por meio da sexualidade, esta posição costuma liberar uma força particularmente intensa. Na astrologia tradicional, porém, a casa da sexualidade é exclusivamente a Casa V.

O nativo tende a perceber o que está oculto e tem habilidades investigativas, devendo canalizar sua natureza para fins construtivos e evitar complicações excessivas na busca por experiências intensas.

★ **Júpiter:** Esse aspecto tem sido relacionado à obtenção de recursos financeiros por intermédio de outras pessoas, como patrimônio, heranças, ou ao benefício obtido por meio de dinheiro compartilhado.

Do ponto de vista evolutivo, facilita a introspecção e a capacidade de regeneração, além da expansão por meio do intercâmbio sexual ou da exploração de áreas recônditas da vida que frequentemente envolvem tabus.

★ **Saturno:** A necessidade de segurança financeira ou os conflitos econômicos derivados do cônjuge são aspectos típicos desta posição de Saturno na visão clássica.

Por outro lado, de uma perspectiva evolutiva, podemos observar que compartilhar com o outro com base na intimidade é um dos campos em que Saturno na Casa VIII exerce sua influência. Com frequência, esses nativos sentem receio de se abrirem profundamente com o outro, o que pode se manifestar, por exemplo, na área sexual ou íntima. Há frequentemente inibições nesse campo e dificuldade para se entregar devido ao medo de rejeição ou de se machucar.

Saturno na Casa VIII inibe o impulso de se fundir com confiança e tende a gerar uma sensação de isolamento que surge dessa contradição interna entre buscar a fusão da intimidade e bloqueá-la.

O medo da morte também pode se manifestar, e o crescimento pessoal passa por enfrentar esses mecanismos internos que, se transformados, podem liberar o medo de compartilhar a vulnerabilidade da intimidade. Esses nativos mostram grande sensibilidade psíquica para perceber o outro, e, quando colocada a serviço de si mesmos, isso lhes confere grande talento para transformar padrões que dificultam seu desenvolvimento.

★ **Urano:** Mudanças profundas tendem a se manifestar de maneira cíclica, levando o nativo a enfrentar crises internas que o empurram a explorar além da zona de conforto. As transformações podem ser motivadas por acontecimentos externos que levem o nativo a viver experiências intensas ou, simplesmente, serem resultado de uma necessidade interna que fomente a conexão com a intensidade.

A sexualidade, as posses materiais, os lutos de qualquer tipo ou os mistérios da vida, em geral, são áreas que potencializam a tendência a atravessar crises pessoais, lembrando que, longe de estar sempre no mesmo lugar, a vida também implica um renascimento constante.

★ **Netuno:** Esta posição confere sensibilidade psíquica que pode se vincular tanto a capacidades para captar energias sutis quanto ao interesse por temas ocultos, como a problemas emocionais ou psíquicos que operam no nível inconsciente.

O desejo de fusão de Netuno muitas vezes se manifesta nesta casa por meio da necessidade de se entregar de algum modo. Na sexualidade, por exemplo, há tendência a buscar uma fusão completa que una o físico com o espiritual. O impulso de se entregar deve ser controlado, especialmente quando envolve o uso de drogas ou situações em que pode ser arriscado perder o controle.

É importante prestar atenção na área econômica, especialmente quando os recursos são compartilhados, para evitar situações financeiras prejudiciais por não ter algum aspecto sob controle. Netuno na Casa VIII manifestará o melhor de si quando o nativo aprender a equilibrar o impulso de conexão com o limite necessário.

★ **Plutão:** Esta posição é dotada de grande capacidade regenerativa em momentos de crise. Caracteriza-se também por um aprendizado relacionado aos próprios impulsos primários e ao medo. Podem surgir formas antagônicas de lidar com eles, que oscilam entre liberá-los completamente ou reprimi-los. De qualquer forma, estará presente um certo temor que deve ser aprofundado.

Se entendermos a Casa VIII como a casa da morte, Plutão aqui pode ser caracterizado tanto por um grande medo da morte quanto pela necessidade de enfrentar situações extremas para lidar com esse medo. Do mesmo modo, na astrologia evolutiva contemporânea, a Casa VIII também está vinculada à sexualidade (diferentemente do que ocorre na astrologia tradicional), e esta posição pode gerar atitudes em relação ao sexo que variam entre a compulsão e a repressão. Manter relações sexuais de risco para enfrentar medos inconscientes pode fazer parte da natureza desse arquétipo, assim como o medo irracional de compartilhar a intimidade.

Na área econômica, pode haver a necessidade de controlar posses e habilidades para gerenciá-las, frequentemente derivadas do mesmo medo de ser despojado por algo que escapa ao controle. Como sempre, a manifestação é diversa, mas com frequência gerará a necessidade de fazer o impulso dialogar com a repressão, e quase sempre o medo precisará ser trabalhado.

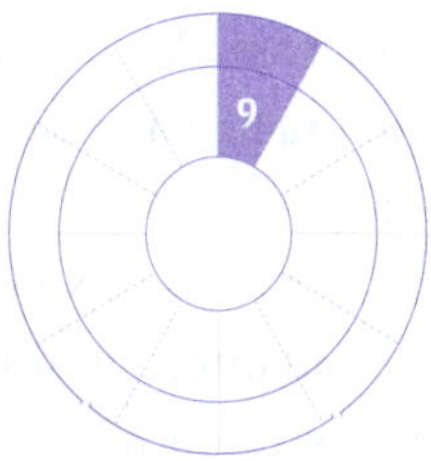

CASA IX: O PENSAMENTO SUPERIOR

- **Modalidade:** Cadente
- **Elemento:** Fogo
- **Signo associado:** Sagitário
- **Palavras-chave:** Crenças, filosofia, ética, estudos superiores, viagens longas, tendência espiritual

Quando nos referimos à Casa IX, com frequência mencionamos o pensamento superior. O termo em si engloba toda aquela realidade que explora além dos horizontes do conhecido; o estrangeiro, as publicações, a filosofia, a religião, as crenças, a ética, a tendência espiritual própria ou o sentido da vida são conceitos que se relacionam com esta casa.

Buscar o significado e a vontade de explorar além do conhecido são impulsos próprios de uma esfera vinculada também aos sistemas de crenças, à filosofia de vida, religiões e todas as formações intelectuais que permitem aprofundar para obter respostas. Se na Casa III tratávamos dos estudos primários, na Casa IX temos os estudos secundários e as especializações. Com isso, ela se relaciona com a busca pelo sentido profundo da existência, que frequentemente é pessoal e intransferível.

Uma Casa IX em Touro tenderá a visitar países estrangeiros com um propósito prático ou uma finalidade tangível. Já uma Casa IX em Escorpião optará por viagens que permitam conexões com transformações profundas. Em Gêmeos, por sua vez, poderá desfrutar de estadas breves e variadas em muitos lugares. Você pode ampliar as informações sobre as manifestações de um signo nas casas revisando o último parágrafo de cada um dos signos.

Um acúmulo de planetas na Casa IX pode configurar buscadores de sentido crônicos, estudantes ou acadêmicos dedicados, indivíduos envolvidos com o mundo das leis ou literário, viajantes incansáveis ou pessoas impulsionadas pelas circunstâncias a se conectar com outras culturas, países ou que se interessam em explorar sistemas de crenças.

Os planetas na Casa IX

★ **Sol:** Esta é uma posição especialmente disposta à exploração além do prático e à busca pela "verdade". O conhecimento profundo, as estadias no exterior e o caminho espiritual ou ideológico são formas possíveis de uma posição que busca encontrar uma filosofia de vida própria.

Aterrissar e enraizar são desafios presentes para equilibrar uma busca permanente que pode afastar do senso prático necessário para gerir o dia a dia.

- ★ **Lua:** A necessidade de explorar além do horizonte confere baixo nível de tolerância às rotinas diárias, se estas não permitem expandir a visão do mundo.

  Como sempre ocorre nesta casa, o contato com o estrangeiro, temas filosóficos ou espirituais são formas de manifestação que lhe são próprias, mas aqui é fácil que esses conceitos se liguem a vínculos emocionais, seja por meio de crenças familiares, ideias afetivas, relações emocionais no exterior ou, simplesmente, a necessidade de se satisfazer emocionalmente por meio desses valores.

  Seja qual for a manifestação, a busca por segurança lunar aqui tende a se relacionar com a necessidade de explorar além do conhecido.

- ★ **Mercúrio:** A vontade de expandir a mente e o desejo de formar-se e conhecer são meios de expressão frequentes nesta posição, que pode ver as tarefas diárias como trivialidades.

  Viagens ou estudos são outras atribuições clássicas de uma posição que, independentemente de seu modo de manifestação, busca sentido por meio do conhecimento.

- ★ **Vênus:** Há necessidade de ampliar a perspectiva e amar aquilo que está além das fronteiras limitantes do conhecido, seja por meio de viagens, estudos, relações afetivas ou de qualquer outra forma. O prazer se associa a essa ideia de expansão. Frequentemente, será necessário aprender a se enraizar para evitar a falta de senso prático.

- ★ **Marte:** Os ideais são importantes, pois trata-se de conectar e manifestar, às vezes com veemência, convicções profundas. Viagens, estudos, filosofia, religião ou leis podem ser espaços por onde ideias pessoais são canalizadas. Deve-se evitar confundir a filosofia de vida própria com intolerância ou fanatismo.

- **Júpiter:** É comum a vontade de conhecer cada vez mais. Por isso, viagens, filosofia, espiritualidade e qualquer forma de aprendizado são âmbitos da vida entendidos como espaços de expansão de consciência e aquisição de sabedoria.

  Tendem a formar pessoas otimistas, que se conectam com a existência de oportunidades além. Há predisposição para o ensino, e deve-se evitar o fanatismo.

- **Saturno:** Esta posição gera a necessidade de se apoiar em um sistema de crenças sólido, seja por ter estado em contato desde cedo com sistemas rigorosos (religiosos, políticos, filosóficos etc.), seja por conflitos como a perda de fé ou o medo de adotar uma perspectiva de vida equivocada. Por vezes, isso se traduz em atitudes dogmáticas ou em um profundo ceticismo que tenta se proteger de desilusões futuras.

  Tradicionalmente, esta posição está relacionada ao mestre, pela grande capacidade de dotar de senso prático ideias muito amadurecidas. Também se associa ao eterno pupilo que busca encontrar solidez em um sistema de crenças do qual precisará duvidar para poder contrastar. Com frequência, a segurança surge internamente após a maestria adquirida ao conectar-se com a verdade pessoal.

- **Urano:** Este posicionamento tende a motivar uma visão do mundo pouco convencional e confere um intenso desejo de liberdade de pensamento, muitas vezes se afastando dos critérios ortodoxos e das imposições sociais. Viagens, espiritualidade, filosofia ou qualquer outro âmbito que permita ampliar a perspectiva serão espaços de interesse para cristalizar um impulso rebelde que anseia pela liberdade de crenças, além das restrições sociais.

  A influência de Urano nesta casa estimula a liberdade de pensamento, que surge ao colocar em questão as convenções. Deverá ter cautela para não cair em posturas ingênuas que defendam o irrealizável e evitar o fanatismo.

- ★ **Netuno:** Esta posição tende a estimular a busca por sentido além das tarefas cotidianas. Embora tradicionalmente se associe a inquietações espirituais e possamos encontrar muitos casos em que isso se manifesta assim, há situações em que a busca é mais filosófica do que espiritualmente orientada. Com o desejo de explorar a vida além das obrigações diárias, há uma capacidade intuitiva e uma necessidade de viver transcendendo as limitações impostas pelo cotidiano.

  Netuno na Casa IX pode falar tanto de um místico quanto de um filósofo ou fanático, mas também de pessoas condicionadas por superstições irracionais. Em todas as suas manifestações, haverá uma vontade, mais ou menos consciente, de atribuir significado à realidade.

- ★ **Plutão:** A intensidade de Plutão geralmente se manifesta por meio do conhecimento ou dos sistemas de crenças próprios. Há uma tendência a aprofundar-se nessas áreas e buscar, de alguma forma, respostas, às vezes de maneira obsessiva. Como a energia de Plutão envolve um desgaste energético muito intenso, pode haver casos em que o impulso de encontrar sentido seja negado, adotando uma atitude mais cética que rejeite a profundidade. Pode-se oscilar entre esses dois pontos de modo cíclico ou adotar posturas dogmáticas. Em qualquer dessas atitudes, o objetivo será lidar com o medo de que as crenças escolhidas não sejam válidas.

  Esta posição também pode estar relacionada ao papel de liderança acadêmica, ideológica, filosófica ou espiritual, assim às crises derivadas dos próprios sistemas de crenças nos quais alguém escolheu se aprofundar. Tradicionalmente, também se associa a experiências transformadoras no exterior, já que Plutão nesta posição busca aprofundar-se além do conhecido. Independentemente da forma de manifestação, Plutão na Casa IX precisará questionar suas próprias crenças para evoluir.

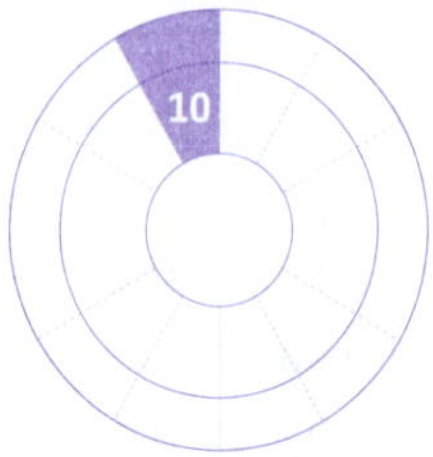

CASA X: O "EU PÚBLICO"

- **Modalidade:** Angular
- **Elemento:** Terra
- **Signo associado:** Capricórnio
- **Palavras-chave:** Identidade pública, pai (também mãe), honras, carreira, vocação terrena, status, ambição, figuras de autoridade

O lugar que ocupamos na ordem social tem grande importância na Casa X. Por isso, frequentemente se fala dela como a casa da vocação, mas a vocação compreendida em sua dimensão mais terrena, ou seja, o chamado para contribuir de determinada maneira no ordenamento social, exercendo um papel e assumindo determinado status. A vocação profissional faz parte disso.

Se a Casa IX se orientava à busca de sentido, a Casa X se concentra no mérito e no reconhecimento público. Se a Casa VI nos falava do trabalho que realizamos com a ideia de servir, a Casa X trata do trabalho exercido por vocação.

A ambição, a vida pública (em oposição à vida íntima presente na Casa IV), as figuras de autoridade e a maneira como enfrentamos os objetivos na carreira são aspectos presentes nesta casa. Tradicionalmente, a Casa IV também foi associada à mãe e a Casa X ao pai (no Jyotish, por exemplo). No Ocidente, a relação foi invertida: a Casa IV para o pai e a Casa X para a mãe. Pessoalmente, considero ambas as casas intercambiáveis dependendo da vivência pessoal. Na Casa X, encontramos frequentemente um dos pais que mais nos ensinou sobre a importância de ocupar uma posição na ordem social estabelecida.

Uma Casa X em Touro pode se referir tanto a alguém que busca estabilidade na vocação profissional quanto a uma pessoa que se dedica a algo relacionado à alimentação ou economia. Da mesma forma, uma Casa X em Aquário mostra tanto a tendência a buscar liberdade vocacional quanto a possibilidade de experimentar mudanças nessa área ao longo da vida. Você pode ampliar as informações sobre as manifestações de um signo nas casas revisando o parágrafo final de cada um dos signos.

O enfoque planetário nesta casa tende a configurar personalidades dedicadas e ambiciosas, que, interessadas em conquistar méritos vocacionais, são capazes de deixar a vida íntima de lado.

Os planetas na Casa X

★ **Sol:** A vocação profissional e a imagem pública ganham importância em uma posição que precisa deixar sua marca no que faz e obter prestígio e reconhecimento.

Identificar-se com sua tarefa e com a busca pelo sucesso centraliza os interesses de uma posição com aptidões para a liderança e que, por outro lado, pode ter tendência a deixar a vida íntima em segundo plano em nome das metas profissionais.

★ **Lua:** Geralmente as necessidades emocionais são depositadas na posição social, no status e na vocação profissional, o que pode implicar envolvimento pessoal nesses aspectos e popularidade, mas também uma vontade de reconhecimento social que pode derivar de inseguranças que tentam ser compensadas com a aprovação alheia. Negligenciar parte da vida íntima para priorizar a vocação profissional e a imagem pública também é uma característica desta posição.

Em tudo isso, será necessário aprender a diferenciar o que realmente se deseja e o que é feito apenas para satisfazer expectativas e alcançar a segurança emocional.

- ★ **Mercúrio:** Valorizando o aprendizado na vocação profissional, busca-se a variedade de tarefas em uma esfera da vida que exige estímulo intelectual. Pode estar relacionado a tarefas de comunicação, mas também a exercícios técnicos, aprendizado contínuo e ao fato de se dedicar a mais de uma coisa.

- ★ **Vênus:** A facilidade de se expressar na esfera social está presente nesta posição, que favorece o avanço vocacional. No aspecto harmônico, é vinculada ao prestígio público devido à habilidade de se relacionar bem com os outros. Deve-se evitar, especialmente em configurações tensas, o excesso de complacência na esfera pública.

- ★ **Marte:** De natureza empreendedora, Marte na Casa X prefere tarefas autônomas, dinâmicas e independentes, que permitam acionar sua própria iniciativa, em vez da segurança de postos subordinados. Há tendência a buscar a realização pessoal na vocação e uma ambição que visa deixar sua marca no mundo com seu trabalho. No entanto, deve-se moderar a impaciência e a exigência para lembrar que a vida é algo mais do que apenas conquistas vocacionais.

- ★ **Júpiter:** Esta posição tem sido tradicionalmente associada ao sucesso na carreira escolhida e à facilidade de obter distinção e oportunidades nessa área. Existe aptidão para liderança e tendência a sentir um reconhecimento natural pelo papel social que se desempenha. Dependendo do conjunto, deve-se evitar o excesso de orgulho pelo próprio trabalho e o descuido da vida íntima e familiar.

- ★ **Saturno:** Saturno está vinculado ao temor de não alcançar as próprias metas ou falhar. Esse sentimento gera ambição na carreira e, paradoxalmente, funciona como motor para buscar a posição desejada, conferindo grande capacidade de trabalho. Encontrar o próprio lugar no mundo nesses termos e obter reconhecimento social são aspectos que estimulam a ambição do indivíduo.

As relações com superiores e figuras de autoridade tendem a ser duais: por um lado, há o desejo de aprovação, mas por outro existe grande necessidade de se afastar deles devido à insegurança que o julgamento da autoridade pode despertar em quem já lida com um rígido juiz interior. É comum que se tente construir um caminho autônomo por esse motivo.

Independentemente dos sucessos alcançados, a insatisfação pode persistir, muitas vezes pela insegurança de não ter conquistado o suficiente, como se nunca fosse o bastante aos olhos da imagem pública, algo que pode ser vinculado à influência de um dos progenitores, dependendo sempre do mapa individual. Compreendido o mecanismo, sob uma ótica evolutiva, esta posição confere uma indiscutível capacidade de trabalho que permite alcançar objetivos desejados com esforço constante.

★ **Urano:** O desejo pessoal e o impulso individual dialogam aqui com o que o quadro social permite. Frequentemente, isso provoca um conflito interno entre o que se deseja fazer e o que a sociedade exige do papel próprio. A vontade de agir com independência e de encontrar um caminho pessoal colide com as restrições sociais e hierárquicas, o que geralmente se traduz em uma relação tensa com superiores ou figuras de autoridade.

É comum que toda essa energia se concentre na vocação profissional, com um desejo profundo de encontrar a própria função social, mas esta deve permitir a liberdade de ação. Caso contrário, a sensação de aprisionamento ativa a rebeldia e o impulso de mudança. Conectar-se com o caminho mais adequado muitas vezes exige assumir a necessidade de inovar e ter liberdade de movimento.

★ **Netuno:** É muito comum que haja certa nebulosidade no desenvolvimento do próprio caminho vocacional que deve ser seguido na profissão, o que pode dificultar a definição de objetivos. Às vezes a origem disso reside na idealização da própria função social, que encontra dificuldade para se materializar; outras vezes, em certo pudor para se mostrar ou na dificuldade em encontrar um caminho conectado às próprias capacidades. É frequente errar de um lugar para outro, enfrentando dificuldade para definir o que realmente se quer fazer. Também se pode acabar em uma atividade distante do que se deseja, sacrificando-se por ela e se considerando vítima da realidade.

A tarefa aqui será, mais uma vez, fazer o ideal e a realidade dialogarem para que as capacidades possam florescer, frequentemente associadas a servir o próximo, à expressão artística e à cura.

★ **Plutão:** Nesta posição é normal que se perceba um dos progenitores como uma figura que exerce poder demais sobre o indivíduo. Às vezes se pode ter passado por uma perda precoce em relação a um progenitor que obrigou a confrontar o próprio senso de sobrevivência. Independentemente de sua manifestação, o nativo buscará obter algum poder em seu papel social, provavelmente tentando aliviar uma sensação de vulnerabilidade ou suprimindo o medo de ser dominado.

Embora a vocação profissional seja geralmente a área onde se canaliza essa intensidade, às vezes se trata de se desconectar dessa pulsão e de não buscar para si uma meta específica. Quando isso acontece, pode gerar desconforto, pois no fundo há um desejo não realizado.

Os mecanismos de renascimento próprios do arquétipo também podem se manifestar com transformações cíclicas na direção vocacional ao longo da vida. Em qualquer uma de suas formas, a energia de Plutão nesta casa exigirá uma tomada de consciência sobre as verdadeiras metas vocacionais e o sentido delas.

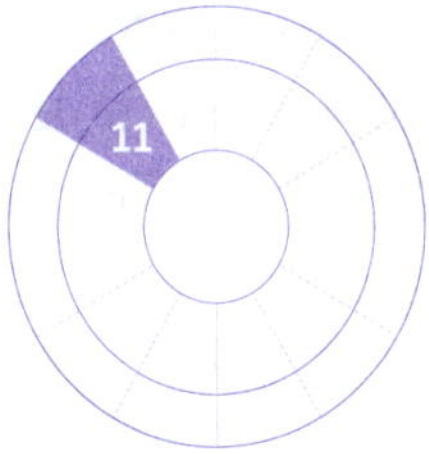

CASA XI: OS AMIGOS E OS IDEAIS

- **Modalidade:** Sucedente
- **Elemento:** Ar
- **Signo associado:** Aquário
- **Palavras-chave:** Aspirações, ideais, amigos, comunidade, grupo social

A Casa XI tem duas características destacadas que podem estar interligadas: pode-se dizer que é a casa das amizades, mas também das aspirações. E que parte do sentimento comunitário surge quando se compartilham objetivos e metas. Muitas vezes, os vínculos de amizade se desfazem quando deixamos de compartilhar esses aspectos.

Os grupos sociais, as esperanças, os desejos, os anseios a longo prazo, a sensibilidade social, a visão de futuro e o trabalho em equipe fazem parte de uma casa voltada para o coletivo. Se a Casa VII abordava o vínculo com o outro, muitas vezes gerador de certa intimidade, a Casa XI se concentra no vínculo coletivo daqueles que se unem com um objetivo comum; se a Casa X era o lar do desenvolvimento vocacional a partir de uma perspectiva terrena, a Casa XI explorará as aspirações a longo prazo e os ideais, muitas vezes menos concretos do que as metas da Casa X.

Uma Casa XI em Capricórnio pode refletir tanto a necessidade de estabelecer projetos a longo prazo com base em uma estrutura sólida quanto a amizade com pessoas de mais idade. Uma Casa XI em Gêmeos, por sua vez, pode se manifestar com a necessidade de ter variedade e liberdade de movimento, além da concretização de objetivos, assim como com um círculo de amizades mais velho.

Uma ênfase dos planetas na Casa XI intensifica a sociabilidade, a necessidade de criar comunidade e a visão de futuro. É preciso controlar o impulso gregário e o excesso de atividade mental ao planejar o futuro.

Os planetas na Casa XI

★ **Sol:** Os círculos sociais, os grupos com ideias semelhantes e as amizades são aspectos importantes para uma posição sensível aos projetos conjuntos e à busca de identificação no coletivo. Será necessário tomar consciência de equilibrar a identidade cooperativa com a expressão individual e evitar o excesso de idealismo.

★ **Lua:** As amizades e os círculos com os quais se compartilha algo se tornam importantes da perspectiva emocional. Amizades da infância, mas também mudanças de amigos ao longo dos anos, ou sentir vínculos familiares com os grupos, são formas de manifestação possíveis nesta posição, que está relacionada aos coletivos em busca de satisfazer a necessidade emocional própria do mecanismo lunar.

Será importante desenvolver a autonomia para não gerar relações de dependência. Podem ocorrer mudanças de círculo ao longo dos anos, e é importante também desenvolver a autonomia em relação a eles para não depender excessivamente do julgamento alheio.

★ **Mercúrio:** A atividade social e a troca com os outros adquirem uma dimensão intelectual. As principais necessidades se concentram no estímulo ao intercâmbio de ideias. A posição é voltada à cooperação e ao coletivo. Pode haver dificuldade em definir determinadas metas, muitas vezes por ter objetivos ou interesses diversos.

★ **Vênus:** Há prazer em compartilhar em comunidade, e a sociabilidade facilita a popularidade nos grupos. Os projetos conjuntos são um pilar para uma posição de Vênus que, além das relações coletivas, também deve aprender a se relacionar na intimidade, área em que pode enfrentar maiores desafios para se expressar.

★ **Marte:** Tende-se a buscar a liderança em causas compartilhadas, e pode haver desconformidade com o estabelecido ou atitudes rebeldes que se impulsionam a partir do coletivo. Será importante moderar a veemência para evitar conflitos sociais.

★ **Júpiter:** As amizades e, em geral, os grupos têm importância, especialmente quando há ideais compartilhados ou objetivos comuns a desenvolver.

Esta posição confere habilidades sociais e a capacidade de se desenvolver com grande facilidade em círculos coletivos. Por meio das amizades, podem surgir facilidades, conectando-se à expansão.

★ **Saturno:** A natureza de Saturno não é expansiva, e sua seriedade não facilita, de imediato, as interações sociais coletivas. A contenção, a parcimônia e a rejeição da superficialidade geram certa sensação de isolamento nesses contextos. Sentir desconforto nos grupos, recusar-se a se abrir a novas pessoas, amizades limitantes, desconfiança devido a alguma decepção, excesso de responsabilidades dentro de um grupo social, poucos e significativos amigos ou episódios relacionados ao isolamento e à solidão são possibilidades de manifestação de uma energia que, por sua vez, também anseia fazer parte de um todo.

Às vezes o nativo pode tentar esconder a insegurança por trás de uma fachada aberta ou se envolver em várias atividades sociais (ou organizá-las) para trabalhar seu senso de pertencimento, o que internamente pode ser desgastante. Independentemente do modo de manifestação, nas relações sociais e nos círculos de amizade, haverá importantes aprendizagens.

★ **Urano:** Esta posição pode resultar em amigos muito diferentes entre si ou em amizades peculiares, bem como na necessidade de compartilhar com eles um vínculo ou valores comuns, às vezes também em contraste com aqueles que pensam de maneira diferente.

Independentemente do modo de manifestação, a identificação com os amigos marca um impulso vinculado ao senso de pertencimento. Não é necessário pensar da mesma forma, e, de fato, é comum se relacionar com pessoas de pensamentos diversos que ampliam a perspectiva. No entanto, no fundo, tende-se a buscar certo grau de identificação compartilhada, mesmo que seja como membro da família escolhida.

Essa consciência convive aqui também com a necessidade de pensar por si e com o sentimento de ser diferente do resto. Tudo isso geralmente gera oscilações entre pertencer e não pertencer, o que, no fim, pode precipitar mudanças de amizade quando deixam de ser compartilhados ideais, formas de ver a vida ou objetivos.

★ **Netuno:** Para além da definição clássica que associa esta posição a cercar-se de amizades sensíveis, criativas, espirituais, desvalidas ou com tendência a vícios, Netuno na Casa XI manifesta os mecanismos de idealização próprios por intermédio dos amigos, da necessidade de pertencer a um grupo ou da vontade de se entregar a um ideal transcendente.

Idealizar as amizades, com as consequentes decepções, ou ter sensibilidade às necessidades coletivas que leve a algum tipo de trabalho social em prol do próximo são meios de expressão possíveis desta posição. Também podem se manifestar em grupos espirituais ou artísticos e coletivos unidos pelo senso de fraternidade.

Em todas as suas formas, Netuno na Casa XI precisa compartilhar metas comuns e frequentemente orienta os mecanismos idealizadores para relações sociais que fomentem o senso de pertencimento.

★ **Plutão:** É comum a tendência a vivências de intensidade emocional vinculadas aos grupos. Como sempre, direcionar muita energia para relações grupais pode assumir várias formas. Esta posição pode se referir tanto àqueles que se vinculam intensamente a um coletivo com o qual compartilham uma meta comum quanto ao medo do próprio grupo, que acaba fazendo do nativo sua vítima.

Sentir-se traído, amizades poderosas, transformadoras ou intensas são situações também relacionadas com esta posição, que, além da forma concreta de manifestação, trará experiências de grande aprendizado por meio dos grupos humanos ou das amizades.

Muitas vezes as experiências vividas permitirão que o indivíduo se perceba com mais clareza e reflita sobre suas verdadeiras metas pessoais.

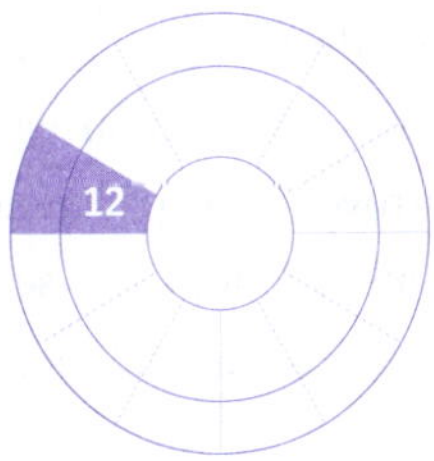

CASA XII: O "NÃO EU"

★ **Modalidade:** Cadente
★ **Elemento:** Água
★ **Signo associado:** Peixes
★ **Palavras-chave:** Inconsciente, transgeracional, carma, rendição, confinamento, sacrifício, reconexão com o todo

---

A Casa XII é a que apresenta maior complexidade interpretativa, especialmente se tentarmos analisá-la isoladamente; podemos compará-la, então, com a Casa I. Se a primeira casa falava da identidade do "eu", a Casa XII explora o fim do circuito e enfatiza o "não eu", ou seja, os aspectos que fundem o individual com o todo do qual fazem parte. Por isso, também é a casa do que nos precede, e nela encontramos realidades transgeracionais e cármicas, dependendo da abordagem.

É o lar do inconsciente, individual e coletivo, do sacrifício do individual em favor do conjunto, da rendição, da reconexão com a totalidade e da transcendência. Nela, podemos explorar aspectos profundos da personalidade que permanecem ocultos, e tradicionalmente é associada às prisões, sanatórios ou mosteiros. Assim, a Casa XII expressa realidades subjacentes que operam tanto no terreno do inconsciente quanto nas energias herdadas dos antecessores. Aquário na Casa XII pode estar relacionado com medos sobre a perda da própria liberdade ou com aprendizados vinculados à ideia de grupo. Capricórnio na Casa XII, por exemplo, poderia tender à ambição profissional ou ao medo de não ver suas expectativas profissionais cumpridas.

Uma presença marcante de planetas na Casa XII confere tendência a necessitar de espaços de retiro para recarregar energias na solidão, investigar o inconsciente, introversão, capacidade psíquica e sensibilidade espiritual para se fundir com o todo. Deve-se evitar o excesso de isolamento ou a busca por escapismo em qualquer tipo de droga.

Os planetas na Casa XII

★ **Sol:** De natureza introspectiva e reservada, o Sol nesta casa tende a encontrar, estando sozinho, o espaço de retiro necessário para se conectar consigo mesmo. Frequentemente isso se deve a uma vivência do mundo externo como um ambiente invasivo ao qual se é particularmente sensível.

A espiritualidade, ou qualquer forma de servir o próximo, pode ser um caminho adequado para expressar a profunda conexão que estabelece com as energias coletivas, pois tem grande sensibilidade para captar as correntes invisíveis.

- **Lua:** Retirar-se da agitação para se conectar consigo mesmo resulta em cura no nível emocional para uma Lua que tende a absorver grande parte da energia do entorno.

  Introspectiva, reservada e frequentemente atraída pelo espiritual ou misterioso, deve aprender a distinguir a necessidade saudável de retiro e o isolamento, algo que poderá ser compreendido ao trabalhar a maneira como lida com a receptividade ao alheio. Esta posição está relacionada a uma relação materna que deixou aspectos a serem revisados e também com heranças transgeracionais.

  Pode haver grande talento para se desenvolver profissionalmente ao acompanhar os desfavorecidos.

- **Mercúrio:** Mercúrio nesta posição favorece a empatia, a intuição e a capacidade psíquica.

  Normalmente manifesta personalidades perceptivas e reservadas que precisam explorar seu mundo interior mas têm dificuldade para diferenciar seus pensamentos dos do coletivo, justamente pela habilidade psíquica de captar a energia do ambiente. Como toda presença na Casa XII, está ligada a realidades transgeracionais e cármicas que devem ser analisadas no contexto.

- **Vênus:** Há certa reserva e inibição quando se trata de expressar sentimentos amorosos. Pode haver uma tendência a idealizar os vínculos românticos que, na prática, ocorrem de maneira diferente do esperado. Apesar de sua grande capacidade de entender os outros, esta posição valoriza mais a intimidade do que as relações sociais.

  Deve-se aprender a se abrir, se desejar compartilhar, e evitar cair em fantasias ou em hábitos que desconectem o nativo da realidade.

- **Marte:** Marte nesta posição tende a não manifestar abertamente sua vontade individual, o que pode gerar agitações inconscientes se não houver conscientização do impulso.

Frequentemente, a veemência se coloca a serviço de causas que transcendem os próprios interesses ou simplesmente os contêm. A empatia com o sofrimento alheio pode levar o nativo a agir pelo bem comum.

Deve-se evitar a tendência ao escapismo e aprender a manifestar de maneira mais aberta à própria vontade para superar complexos, inibições e estados de agitação inconscientes.

- **Júpiter:** A tendência a ajudar os outros e a pensar no bem coletivo se fortalece em uma manifestação energética que confere humildade e também se orienta à sensibilidade espiritual e à busca de respostas nesse campo.

  Sob uma perspectiva mais esotérica, associa-se a certa proteção espiritual que potencializa a intuição e permite se proteger das influências negativas.

  Deve-se evitar os excessos em uma exploração espiritual pouco fundamentada.

- **Saturno:** A natureza intrínseca de Saturno busca limitar, conter e estruturar. A essência da Casa XII está, portanto, muito distante de sua natureza.

  Alguns aspectos presentes nesta posição incluem a sensação de culpa de origem desconhecida, o medo de não conseguir construir algo sólido, a sensação de que há influências operando acima de si que ameaçam a própria felicidade e o medo de perder o controle, mas também a fascinação por ousar fazê-lo.

  Com frequência, será necessário optar pelo sacrifício da vontade individual em favor de servir o próximo, o que geralmente surge desse sentimento de culpa proveniente da energia transcoletiva. Esse sacrifício pode assumir diversas formas: escolhendo uma profissão que envolva dedicação ao próximo ou simplesmente sentindo que é preciso deixar de lado desejos pessoais porque a vida assim exigiu.

Seja qual for a maneira como se manifeste, Saturno na Casa XII precisará ir além das ambições pessoais e materiais para se reconectar com o todo do qual fazemos parte.

- **Urano:** Pode gerar uma sensação de falta de liberdade que leva o nativo à necessidade de se expressar, às vezes se rebelando contra algo abstrato ou sentindo que está vivendo as consequências de algo que não lhe pertence.

  Podem manifestar-se vivências herdadas do transgeracional ou intrauterinas. Seja como for, é comum precisar enfrentar aspectos do passado, desta vida ou cármicos, que devem ser resolvidos por meio de alguma terapia. Uma vez reconhecido isso, será possível compreender que há manifestações inconscientes provenientes de outros momentos.

  Também pode haver sensibilidade energética para captar as energias sutis que são difíceis de processar. Isso se associa a episódios de nervosismo que interferem no sono ou nos pensamentos. Depurar toda essa carga energética envolve conectar-se com espaços de retiro.

  Aprendendo a lidar com essa parte, será possível sintonizar-se com a própria intuição e a capacidade curativa que este arquétipo também carrega.

- **Netuno:** Neste posicionamento costuma haver grande sensibilidade para o sofrimento alheio e para os aspectos dolorosos que a vida manifesta, o que pode ser lido como consequência da capacidade psíquica de captar as correntes do inconsciente coletivo, mas também da capacidade de canalizar situações que pertencem a realidades anteriores ao nativo, sejam elas lidas de maneira transgeracional ou cármica.

  A forte conexão com o inconsciente pode gerar a sensação de não ter controle, medo de perdê-lo e atitudes tanto espirituais com capacidade de cura quanto indolentes, que geram vício ou capazes de induzir transtornos psicológicos devido a sua sensibilidade. Assim, é importante que o nativo explore a realidade inconsciente tanto do ponto de vista terapêutico (ordenando os impulsos inconscientes) quanto criativo (dando vazão a sua imaginação fértil).

A tarefa de Netuno na Casa XII será frequentemente aprender a distinguir o que é próprio do que é do outro e trabalhar seu potencial como canal transmissor.

★ **Plutão:** O nativo frequentemente tem grande capacidade para captar tudo o que os outros depositam ou depositaram no inconsciente coletivo.

Pode-se manifestar tanto como o indivíduo que traz à tona o que os demais não querem encarar quanto como o reformador que transmuta as emoções negativas da realidade que o precedeu por meio de ações concretas em defesa do bem comum. Essa energia geralmente requer uma escavação no inconsciente para obter recursos que conferem grande capacidade de regeneração.

É comum, portanto, que o nativo precise de espaços de retiro para lidar com a carga energética que percebe, e não é raro tentar manter sob controle impulsos próprios que muitas vezes não são compreendidos, pois fazem parte de influências que vão além de si.

Independentemente de como a energia se manifeste, o nativo com esta posição terá um grande crescimento pessoal ao escavar na profundidade de seu inconsciente para, assim, transmutar uma força que muitas vezes pertence à sombra não aceita do coletivo que estava ali antes dele.

AUSÊNCIA DE PLANETAS E REGENTES DAS CASAS

Quando não encontramos planetas em uma casa (em um mapa, geralmente há muitas casas sem planetas), a informação dessa casa será obtida com base no regente planetário do signo que cai nela. Cada signo tem um planeta associado (às vezes mais de um), como vimos na ficha inicial correspondente aos respectivos signos.

Dessa forma:

- ★ Se a cúspide da casa está em Áries, veremos o local que Marte ocupa no mapa.
- ★ Se a cúspide da casa está em Touro, veremos o local que Vênus ocupa no mapa.
- ★ Se a cúspide da casa está em Gêmeos, veremos o local que Mercúrio ocupa no mapa.
- ★ Se a cúspide da casa está em Câncer, veremos o local que a Lua ocupa no mapa.
- ★ Se a cúspide da casa está em Leão, veremos o local que o Sol ocupa no mapa.
- ★ Se a cúspide da casa está em Virgem, veremos o local que Mercúrio ocupa no mapa.
- ★ Se a cúspide da casa está em Libra, veremos o local que Vênus ocupa no mapa.
- ★ Se a cúspide da casa está em Escorpião, veremos o local que Plutão e Marte ocupam no mapa.
- ★ Se a cúspide da casa está em Sagitário, veremos o local que Júpiter ocupa no mapa.
- ★ Se a cúspide da casa está em Capricórnio, veremos o local que Saturno ocupa no mapa.
- ★ Se a cúspide da casa está em Aquário, veremos o local que Urano e Saturno ocupam no mapa.
- ★ Se a cúspide da casa está em Peixes, veremos o local que Netuno e Júpiter ocupam no mapa.

Considerando essas indicações, se, por exemplo, não houver planetas na Casa II e a cúspide estiver em Câncer, a informação sobre essa esfera da vida será obtida pela Lua. Em outras palavras, o aspecto terá uma energia análoga à que teria se houvesse uma Lua na Casa II, já que a Lua rege Câncer.

Por outro lado, se essa Lua estiver na Casa IX, os domínios vinculados à Casa IX terão relação com os valores do nativo e com seus rendimentos. O salário poderá ser obtido de esferas relacionadas à Casa IX (acadêmica, estrangeira, atividades literárias etc.), e, ao mesmo tempo, associar o universo da Casa IX aos próprios valores, como dar importância ao conhecimento adquirido em viagens e se sentir seguro ao conhecer outros países, por exemplo.

Qualquer conceito relacionado à Casa IX oferecerá informações sobre as temáticas próprias da Casa II.

CAPÍTULO 6

O DIÁLOGO

OS ASPECTOS E A INTERAÇÃO ENTRE OS PLANETAS

O último dos elementos que devem ser considerados ao abordar a análise de um mapa natal é a natureza da interação entre os planetas. Cada um, localizado em um signo, estabelece um diálogo com os demais, muitas vezes enquadrado em um aspecto planetário. Existem vários tipos de aspectos:

- ★ Por um lado, os aspectos maiores e os aspectos menores.
- ★ Por outro lado, os aspectos harmônicos e os aspectos desarmônicos.

A seguir, vamos explorar suas características.

Aspectos maiores	**Aspectos menores**
☌ Conjunção (0º)	⚻ Quincúncio (150º)
☍ Oposição (180º)	⚺ Semissextil (30º)
□ Quadratura (80º)	Q Quintil (72º) bQ e Biquintil (144º)
△ Trígono (120º)	∠ Semiquadratura (45º) ⚼ e Sesquiquadratura (135º)
⚹ Sextil (60º)	Outros

ASPECTOS MAIORES

Embora eu mencione as características de cada um dos aspectos, vamos observar com mais atenção apenas os maiores, que são os mais importantes para a análise em qualquer mapa.

☌

Conjunção (0°)

Ocorre quando dois planetas estão entre 0° e 8° de distância. Nesses casos, a energia de ambos se une para operar de maneira conjunta.

Considera-se um aspecto misto, cuja natureza será mais ou menos harmônica dependendo dos planetas envolvidos. Enquanto as conjunções entre planetas tradicionalmente benéficos, como Vênus e Júpiter, trazem facilidades, as conjunções influenciadas por Marte, Saturno, Plutão, Netuno ou Urano costumam mostrar tensões internas nas quais é preciso prestar atenção.

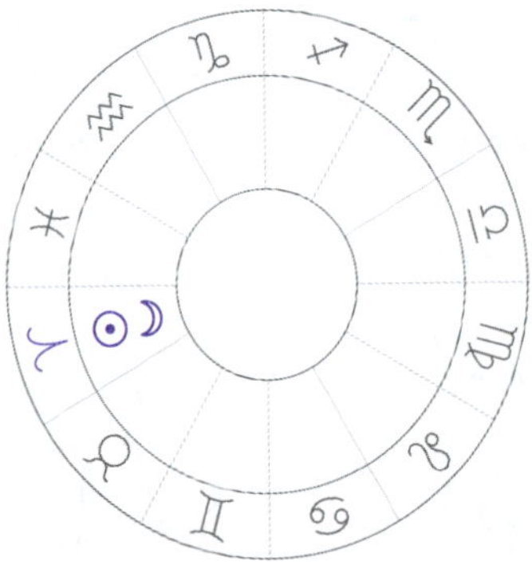

☍

Oposição (180°)

Considerado um aspecto desarmônico, tenso ou dinâmico, dependendo da abordagem, ocorre quando dois planetas estão a 180° de distância, com uma margem de 8°, chamada orbe. Ou seja, se esses planetas estiverem a 172° ou 188°, o aspecto ainda será considerado ativo.

Na oposição, entram em cena duas energias de natureza totalmente opostas, que se encontram na maior distância possível, e se relacionam com os signos opostos e complementares da roda zodiacal. Essa colisão energética costuma gerar certo bloqueio entre duas forças antagônicas, mas também complementares. Frequentemente, devido à dificuldade de integrar essas duas energias, tendemos a nos identificar com um dos polos e a projetar no ambiente o outro extremo, que quase sempre será representado por pessoas e situações com as quais interagimos.

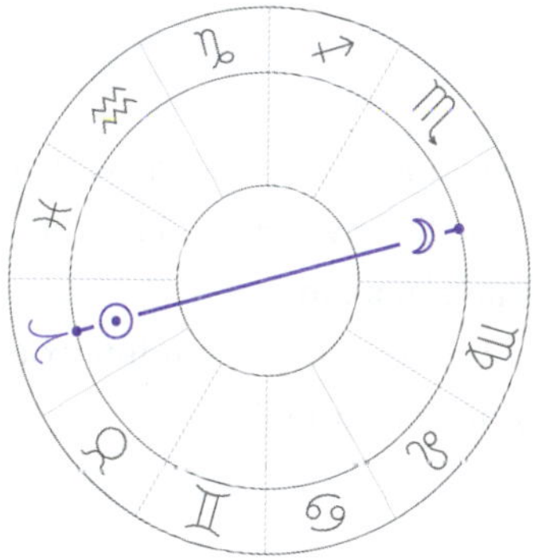

□

Quadratura (90°)

Esse aspecto, também desarmônico, tenso ou dinâmico, ocorre quando dois planetas estão a 90° de distância, com uma margem de orbe de 8°, ou seja, consideramos o aspecto ativo entre 82° e 98°. Está relacionado às quadruplicidades zodiacais, e nele dialogam duas energias com necessidades distintas, como na oposição, mas há uma diferença notável entre ambos os aspectos: enquanto na oposição tendemos a ocupar um dos lados da polaridade e projetar o outro para o exterior, na quadratura oscilamos com frequência internamente entre as duas energias e podemos ser forçados a dar lugar a ambas em momentos distintos.

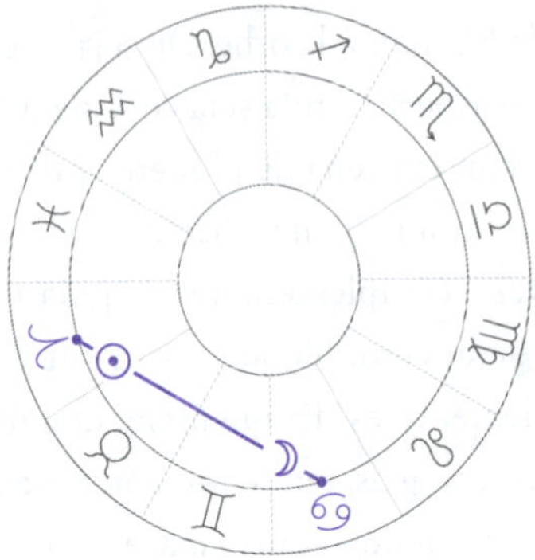

△

Trígono (120°)

O trígono é o aspecto harmônico que ocorre entre planetas a 120°, com uma margem de orbe de 8°, ativo entre 112° e 118°, e se relaciona com os signos de um mesmo elemento.

É um aspecto harmônico que põe em interação duas energias com afinidade, que se relacionam entre si.

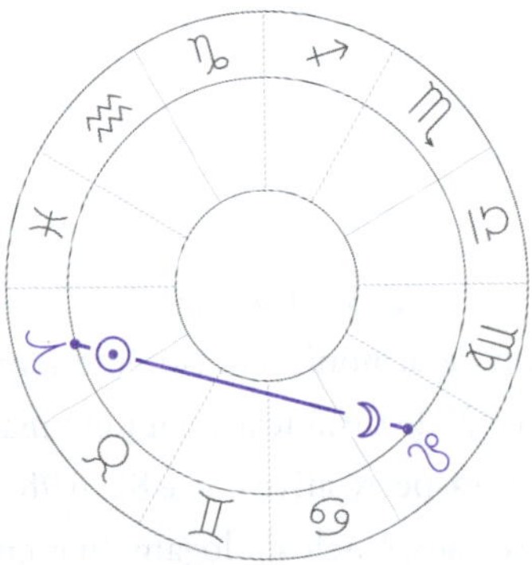

Sextil (60°)

É um aspecto harmônico que ocorre entre planetas a 60° de distância e está relacionado aos signos que compartilham polaridade: signos yin com signos yin e signos yang com signos yang. Seu orbe é menor do que nos aspectos anteriores, e o consideramos ativo entre 55° e 65°.

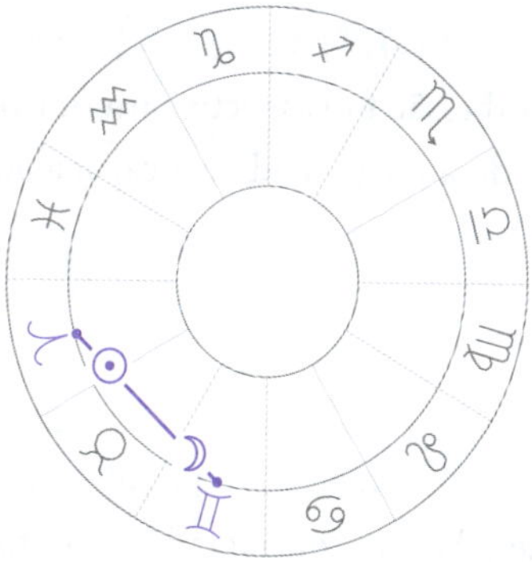

ASPECTOS MENORES

Embora seja lógico destacar os aspectos maiores por sua importância, considero necessário mencionar também os aspectos menores.

Quincúncio (150°)

Considerado com um orbe de 3° (entre 147° e 153°), o quincúncio se associa àquelas energias que não compartilham nenhum traço comum: nem quadruplicidade, nem polaridade, nem elemento. É considerado um aspecto neutro que faz dialogar duas energias que habitam universos distintos, cujas naturezas, mais do que se confrontarem de algum modo, se negam. Foi estabelecida uma relação entre o quincúncio e a saúde.

⊻

Semissextil (30°)

Com um grau e meio de orbe, pode ser considerado ativo entre 27,5° e 31,5°. É um aspecto considerado neutro e de natureza evolutiva, associado à relação que um signo estabelece com seus signos vizinhos.

Q bQ

Quintil (72°) e biquintil (144°)

Ativos a um grau de orbe, são um aspecto harmônico relacionado ao número cinco e vinculado à criatividade e à capacidade de materializá-la no mundo.

∠ ⚼

Semiquadratura (45°) e sesquiquadratura (135°)

Ativos a três graus de orbe, são considerados aspectos desarmônicos.

Outros aspectos menores

Existem muitos outros aspectos menores, como o septil, o bisseptil, o trisseptil, o novil, o binovil etc., cada um deles é resultado da divisão a roda zodiacal em partes determinadas, e têm uma atribuição numerológica e um significado específico.

ASPECTOS DO SOL

O Sol no mapa natal é um indicador da expressão da identidade individual e, além disso, da figura paterna. As próximas linhas expõem as tendências de caráter do indivíduo, mas, em uma análise completa, o Sol também deve ser lido como a imagem que se tem do pai.

SOL/LUA

* **Conjunção:** A conjunção exata entre esses dois astros ocorre durante a fase da lua nova. Esse aspecto confere determinação, embora também traga dificuldade em ouvir opiniões alheias devido à necessidade de decidir por si mesmo. Tende-se a oscilar entre certa insegurança interna e a vontade de transcendê-la.

  O desejo de crescer e se afastar do lar de origem ou de se estabelecer como autoridade no lar que se construa pode ser uma manifestação presente em uma energia que busca independência autoafirmativa.
* **Harmônicos:** Predispõem-se à harmonia interna entre o mundo emocional e a expressão individual. Tendem a dar personalidades com facilidade para demonstrar afeto e boas relações familiares.
* **Desarmônicos:** A expressão emocional pode ser vivida como um obstáculo para a realização individual. As necessidades subconscientes frequentemente entram em conflito com o que se busca conscientemente.

  Pode haver discordância entre o que se necessita no relacionamento e o que é requerido no pessoal. As tensões nas relações familiares durante a infância podem dificultar as relações afetivas adultas.

SOL/MERCÚRIO

* **Conjunção:** A conjunção é o único aspecto destacado possível entre o Sol e Mercúrio, já que a distância entre ambos nunca ultrapassa os 28°.

  Quando havia uma conjunção entre os dois, na astrologia clássica falava-se de "Mercúrio combusto". Sua proximidade do Sol era indicativo de enfraquecer o pensamento e dificultar a expressão e o raciocínio.

  Na astrologia evolutiva, isso está bem distante da interpretação tradicional. A conjunção Sol/Mercúrio está associada à capacidade expressiva, ao intelecto desperto e à loquacidade, embora possa haver tendência ao dogmatismo por um excesso de identificação com as próprias ideias.

SOL/VÊNUS

- **Conjunção:** A necessidade de afeto, prazer e conforto geralmente convive com a sensibilidade artística e o talento criativo. A amabilidade no trato e a diplomacia também são características de uma configuração vinculada à estética e ao bom gosto.
- **Harmônicos:** A maior distância entre Vênus e o Sol é de 48°. O aspecto harmônico que pode ocorrer entre eles é, portanto, o semissextil. Sua presença predispõe à busca de relações harmoniosas e à manifestação de afeto.
- **Desarmônicos:** A semiquadratura é o único aspecto desarmônico relevante possível entre esses dois astros. A preguiça e a autoindulgência podem estar presentes em uma configuração propensa a evitar responsabilidades em busca do prazer.

SOL/MARTE

- **Conjunção:** Essa expressão é enérgica e se relaciona com a força de vontade, a veemência, a valentia e a iniciativa. Com suas aptidões de liderança, confere ambição e caráter apaixonado, mas também impulsividade.
- **Harmônicos:** De expressão enérgica, a vontade e a iniciativa nos aspectos harmônicos são menos propensas a se transformar em irritabilidade e precipitação, porque aqui a energia está operando de maneira harmônica.
- **Desarmônicos:** A impaciência e a irritabilidade são características presentes em uma personalidade que pode ter tendência a entrar em conflito com a autoridade.

SOL/JÚPITER

- **Conjunção:** A confiança, a alegria e a generosidade são características associadas a uma personalidade otimista, franca e expansiva, com aptidão para a liderança. Tradicionalmente, esse aspecto está vinculado à boa sorte.

- ★ **Harmônicos:** A confiança, a alegria e a generosidade também são aspectos frequentes, assim como a personalidade otimista e franca e a aptidão para a liderança, mas a manifestação energética aqui é menos excessiva.
- ★ **Desarmônicos:** A presunção, o exagero e, em geral, o excesso são características presentes em uma personalidade ostentosa que deverá trabalhar a moderação e a disciplina.

SOL/SATURNO

- ★ **Conjunção:** De natureza responsável, inibida e prática, a disciplina é um valor fundamental nessa configuração. A seriedade, a cautela, a contenção e o realismo frequentemente configuram uma atitude que valoriza os feitos sustentados pelo esforço e que, com frequência, deve lidar com a rigidez interna.
- ★ **Harmônicos:** O senso de dever e a prudência adotam aqui maior flexibilidade do que na conjunção. A capacidade de trabalho e a disciplina configuram personalidades previdentes que sabem agir com maturidade.
- ★ **Desarmônicos:** Frequentemente é necessário se esforçar para vencer as restrições, os medos e as inibições, provavelmente originados na infância. Para alcançar a desejada autossuficiência, será necessário moderar a tendência ao pessimismo e à crítica.

SOL/URANO

- ★ **Conjunção:** O caráter independente, excêntrico e a natureza rebelde convivem com a tendência a mudanças. A instabilidade, a inovação e o modo de fazer diferente são características de uma configuração imprevisível que prioriza a liberdade de ação.
- ★ **Harmônicos:** Esses aspectos capacitam o nativo para intuir caminhos, inovar, mudar e direcionar outros para formas de futuro diferentes do presente. Mesmo sendo uma alma livre, o nativo

costuma ser consciente da importância da identidade coletiva e da cooperação grupal.

- ★ **Desarmônicos:** A rebeldia característica convive com a sensação de ser diferente dos outros. A energia pode se transformar em precipitação e desajuste se for liberado um impulso errático que parece se orgulhar da própria excentricidade, muitas vezes em uma atitude defensiva.

SOL/NETUNO

- ★ **Conjunção:** A sensibilidade, a imaginação, a criatividade e a espiritualidade podem ser características presentes em uma configuração que tende a se conectar de maneira empática com as sutilezas da realidade emocional própria e alheia. Deve-se evitar o escapismo, a passividade, os devaneios, a falta de realismo e o autoengano.
- ★ **Harmônicos:** A criatividade e a espiritualidade manifestam aqui sua faceta mais equilibrada, especialmente quando as ações são colocadas a serviço da empatia necessária para lembrar que fazemos parte do todo. Há intuição, sensibilidade, inspiração (espiritual e criativa) e vocação para o servir.
- ★ **Desarmônicos:** O escapismo e a tendência a fugir da realidade são manifestações presentes em uma configuração que deve evitar o vício em drogas (de qualquer tipo), o autoengano e a falta de realismo.

SOL/PLUTÃO

- ★ **Conjunção:** De natureza profunda, intensa e ardente, não é raro que esses nativos escondam toda a sua torrente energética sob uma aparência imperturbável. É comum neles a vontade de ocultar parte de sua personalidade, como uma tentativa de se proteger.

  A força característica desse aspecto emana, entre outras coisas, da capacidade de encarar a realidade de frente e de não hesitar quando se trata de entrar em processos de intensa regeneração.

Frequentemente será necessário moderar as obsessões, a constante necessidade de transformação e a relação com a intensidade.

★ **Harmônicos:** A energia adota aqui uma via menos intensa, permitindo que a capacidade transformadora se libere do excesso sem a necessidade de entrar em ciclos de regeneração permanente.

★ **Desarmônicos:** Existe certa complexidade ao se relacionar com o poder. O medo da dominação por figuras de autoridade pode levar, por vezes, a atitudes defensivas; outras vezes, a comportamentos tirânicos e dominantes. É necessário moderar a necessidade permanente de estar alerta ou a ambição e a tendência a impor a própria vontade.

ASPECTOS DA LUA

A Lua no mapa natal é um indicativo da natureza emocional, assim como da figura materna. As próximas linhas apresentam as tendências de caráter no indivíduo, mas, em uma análise completa, a Lua também deverá ser lida como a imagem que se tem da mãe.

LUA/MERCÚRIO

★ **Conjunção:** A interação entre a dimensão racional e a emocional confere inteligência para associar de maneira intuitiva emoções e ideias, além de analisar as respostas emocionais próprias e alheias. Esse aspecto confere grande capacidade comunicativa quando se trata de expressar o que se sente. Existe o risco de confundir pensamento com sentimento e estar sujeito a estados de ânimo instáveis.

★ **Harmônicos:** Este aspecto estimula a comunicação e facilita o contato com os outros. Favorece a interação com os outros pela facilidade em conectar-se com o ambiente a partir da compreensão do contexto.

★ **Desarmônicos:** Comportamentos nervosos, como a ansiedade, são frequentes, especialmente quando os sentimentos se misturam com os pensamentos, dificultando o discernimento entre ambos.

LUA/VÊNUS

★ **Conjunção:** A interação dessas duas influências em conjunção predispõe ao caráter afetuoso, a relações emocionais harmônicas e à sensibilidade às necessidades emocionais dos outros, assim como à vontade de criar laços emocionais.

★ **Harmônicos:** A relação harmônica entre essas duas energias facilita a necessidade de se relacionar e compartilhar emocionalmente de maneira semelhante à da conjunção.

★ **Desarmônicos:** Frequentemente o que se deseja desfrutar entra em conflito com aquilo que traz estabilidade emocional. É comum encontrar em configurações desse tipo conflitos entre a pessoa que se deseja ser e a que fornece estrutura familiar, ou incompatibilidades entre encarnar uma figura sedutora e uma figura maternal, por exemplo.

LUA/MARTE

★ **Conjunção:** Enérgica e temperamental, essa configuração confere atitudes apaixonadas e ativas, mas também impulsividade e impaciência. Será necessário moderar a brusquidão, a hiperatividade emocional e a necessidade de movimento, o que pode levar a uma busca constante por desafios ou experiências estimulantes.

★ **Harmônicos:** A atitude enérgica, espontânea e dinâmica facilita a expressão emocional desinibida e confere habilidades para participar ativamente da realidade.

★ **Desarmônicos:** Se, na conjunção, a energia de ambos os planetas opera fundindo suas influências, nos aspectos desarmônicos predomina a hiperatividade emocional.

Encarnando a energia de Marte, pode-se manifestar uma paixão muitas vezes irascível e brusca; com a energia da Lua, pode haver tendência à suscetibilidade ou reações desmedidas diante de supostas ofensas.

LUA/JÚPITER

- ★ **Conjunção:** Expansiva e generosa, a Lua em conjunção com Júpiter tende a se abrir emocionalmente às oportunidades afetivas que a vida oferece. Buscadora e confiante, sente-se realizada quando pode expressar sua natureza emocional disposta ao outro. Esse fato fomenta a sociabilidade e a facilidade de contato com os outros.
- ★ **Harmônicos:** A natureza expansiva, generosa, otimista e confiante vista na conjunção se mantém nos aspectos harmônicos, manifestando-se de maneira muito similar, embora talvez mais moderada.
- ★ **Desarmônicos:** Os sentimentos podem se tornar exagerados, e há uma tendência a amplificar as expressões emocionais ou a viver turbulências internas que carecem de contenção e pragmatismo.

LUA/SATURNO

- ★ **Conjunção:** A contenção emocional presente é resultado de um sentimento de carência que, em vez de expressar as necessidades, busca se concentrar na autossuficiência.

  Ter vivido episódios nos quais se temeu não ter as necessidades afetivas atendidas está relacionado a um caráter austero e sério, que evidencia a necessidade de mostrar autossuficiência emocional.
- ★ **Harmônicos:** A seriedade, a disciplina e a maturidade caracterizam uma posição dotada de maior serenidade interna do que a presente na conjunção.
- ★ **Desarmônicos:** Os aspectos tensos entre a Lua e Saturno tendem a se manifestar com sensações de limitação emocional, geralmente expressando um sentimento de carência, privação e falta de satisfação afetiva. Frequentemente é necessário trabalhar o vínculo

estabelecido com a figura materna (podem ter ocorrido dificuldades na relação) para conectar-se ao caminho da maturidade.

LUA/URANO

★ **Conjunção:** De natureza imprevisível e nervosa, a conjunção da Lua com Urano tende a manifestar reações emocionais mutáveis e a criar dilemas que confrontam a necessidade de se vincular emocionalmente com a vontade acentuada de buscar a própria liberdade.

★ **Harmônicos:** As restrições são vistas como entediantes, enquanto as mudanças, como estimulantes. Busca-se a liberdade de movimento, e há uma atração por explorar situações desconhecidas.

★ **Desarmônicos:** A vontade de reivindicar a própria independência dificulta frequentemente a estabilidade afetiva.

Crises emocionais são comuns em uma configuração que, devido ao desejo de liberdade, costuma dificultar o compromisso.

LUA/NETUNO

★ **Conjunção:** A sensibilidade, a empatia e o caráter impressionável singularizam um aspecto que dificulta perceber o limite entre os próprios sentimentos e os alheios, e que também é propenso a tendências evasivas, à passividade e à indolência.

★ **Harmônicos:** A empatia, a sensibilidade e a imaginação são características igualmente presentes, embora sua afetividade sob esta configuração diminua na intensidade e aumente na capacidade de canalizá-las.

★ **Desarmônicos:** Entre os traços presentes na conjunção, destaca-se a maior necessidade de fugir da realidade, o que pode assumir diversas formas.

A idealização e as tendências escapistas tendem a criar estados de ânimo mutáveis, passividade e dificuldade para ver as coisas com realismo. É aconselhável afastar-se de tudo o que gere dependência ou perda do senso de realidade.

LUA/PLUTÃO

- ★ **Conjunção:** A intensidade emocional convive com a possessividade e a obsessão. É comum passar por transformações por meio dos vínculos afetivos e regenerações cíclicas nesses laços, o que leva a explorar profundidades emocionais.
- ★ **Harmônicos:** Caracterizados por grande resistência, os aspectos harmônicos entre a Lua e Plutão conferem uma perspectiva sobre a realidade emocional própria e alheia, e a capacidade de realizar as transformações necessárias quando pertinente.
- ★ **Desarmônicos:** O medo de demonstrar vulnerabilidade emocional pode provocar atitudes defensivas que boicotem a intimidade ou a vontade de estabelecer vínculos nos quais se busca o controle da situação de múltiplas formas. Há tendência a sentimentos obsessivos.

ASPECTOS DE MERCÚRIO

MERCÚRIO/VÊNUS

- ★ **Conjunção:** A facilidade comunicativa, a diplomacia ou a aptidão para cooperar são características comuns em uma configuração que favorece a eloquência e o talento para a escrita, a música ou outras disciplinas que combinem comunicação e estética.
- ★ **Harmônicos:** Embora sua manifestação possa ser mais sutil, compartilha os traços da conjunção.
- ★ **Desarmônicos:** Como a distância entre esses dois astros nunca ultrapassa os 76°, o único aspecto desarmônico destacado possível é a semiquadratura. Embora não seja um aspecto maior, pode ser a causa de falar demais ou de atitudes mais centradas em agradar e enganar do que em cumprir o prometido.

MERCÚRIO/MARTE

- ★ **Conjunção:** A rapidez mental e argumentativa se combina com a rapidez na tomada de decisões, a persuasão e o interesse pelo debate. Moderação do excesso de veemência e da impaciência será necessário.

- ★ **Harmônicos:** Acuidade e agilidade mentais capacitam o nativo para a observação e a análise, sem a veemência ou a impaciência da conjunção.
- ★ **Desarmônicos:** Impulsividade, irritabilidade e veemência são atitudes presentes com frequência em uma interação tensa, que precisará trabalhar a paciência e o autocontrole, se não quiser entrar em disputas a qualquer momento.

MERCÚRIO/JÚPITER

- ★ **Conjunção:** De natureza honesta e otimista, há atração por qualquer forma de conhecimento que amplie a perspectiva. Também se destaca o gosto por viagens, a disposição filosófica e o interesse pelo intercâmbio de ideias que permitam encontrar o senso de realidade e aprender. O nativo pode ser respeitado em sua profissão e é especialmente propenso a ser considerado um mestre. Deverá moderar a tendência a exagerar, o orgulho e as atitudes presunçosas.
- ★ **Harmônicos:** A tendência presente na conjunção se mantém, mas assume uma materialização mais cautelosa e menos exagerada, o que favorece as aptidões mencionadas.
- ★ **Desarmônicos:** A falta de senso prático pode incentivar a tentativa de abarcar muito além do possível. O exagero e o falar demais podem ser tendências também presentes.

MERCÚRIO/SATURNO

- ★ **Conjunção:** O senso comum, a seriedade e a mentalidade prática são características habituais em um raciocínio metódico e realista que valoriza a organização. A atitude pode ser bastante econômica no trato, e a flexibilidade pode ser uma questão pendente.
- ★ **Harmônicos:** O caráter metódico e a visão prática conferem aptidões organizacionais que permitem agir com realismo.

- ★ **Desarmônicos:** Não é raro haver inseguranças em relação à própria capacidade expressiva ou intelectual. Em outras ocasiões, tende-se a ter opiniões rígidas e dificuldade em aceitar mudanças. Frequentemente, essa rigidez se mistura com certo pessimismo e pensamento excessivamente crítico.

MERCÚRIO/URANO

- ★ **Conjunção:** Este aspecto, ligado às ideias sobre o futuro, ao talento para a inovação e às atitudes progressistas em geral, fomenta a originalidade e confere curiosidade pelo que está por vir. Algumas tendências presentes nesta conjunção são moderar o individualismo, a excentricidade e a arrogância do indivíduo que sente que ninguém está à sua altura para compreendê-lo.
- ★ **Harmônicos:** A capacidade de inovar e as demais virtudes mencionadas são favorecidas em uma interação que reduz a tensão energética presente na conjunção.
- ★ **Desarmônicos:** A teimosia, o extremismo, a inadaptabilidade, a impaciência ou o excesso de independência podem ser traços característicos em uma energia na qual será necessário trabalhar a temperança, a perseverança e a cooperação, se quiser evitar uma atitude inadaptada e errática ou rebeliões sem causa.

MERCÚRIO/NETUNO

- ★ **Conjunção:** A atitude sonhadora, espiritual e inspiradora é uma característica comum em uma interação que favorece a sensibilidade. Esse aspecto potencializa a intuição e a espiritualidade, além de capacitar para tarefas criativas, como a poesia.

  É necessário moderar a necessidade de escapar do mundo para aprender a viver na realidade.
- ★ **Harmônicos:** A imaginação, a capacidade criativa e a espiritualidade adquirem, nesses aspectos, uma dimensão mais moderada, que permite expressar traços sem a necessidade de se refugiar na irrealidade.

* **Desarmônicos:** A sensibilidade, as emoções e os aspectos inconscientes podem surgir e turvar a percepção clara da realidade. A confusão e o esquecimento também são traços frequentes nessa interação, que muitas vezes expressa conflitos entre o mundo interno e o externo.

MERCÚRIO/PLUTÃO

* **Conjunção:** De mentalidade profunda e inquisitiva, há uma vontade de desvendar o fundo das questões e explorar além do aparente para encontrar o que está subjacente.

  Analítico e investigador, o intelecto aqui deve evitar se perder em comportamentos excessivamente obsessivos.
* **Harmônicos:** Os aspectos harmônicos conferem as mesmas aptidões da conjunção, mas a intensidade que leva a comportamentos obsessivos tende a ser atenuada.
* **Desarmônicos:** A tendência obsessiva pode coexistir aqui com uma intensidade compulsiva que, se não forem tomadas as devidas distâncias, pode levar a atitudes paranoicas. Frequentemente, será necessário temperar também certos impulsos destrutivos.

ASPECTOS DE VÊNUS

VÊNUS/MARTE

* **Conjunção:** A interação entre duas influências tão distintas deve atenuar o impulso nas decisões afetivas; pode haver tendência a agir de modo impulsivo. Do ponto de vista evolutivo, considera-se que essa interação também pode ativar a vontade de prazer e desfrute, dependendo da configuração. Energético, cordial, expansivo, sociável e alegre, o nativo tenderá igualmente a buscar satisfação e precisará liberar energia.
* **Harmônicos:** A atitude vigorosa presente na conjunção se desenvolverá de maneira mais equilibrada e cooperativa, facilitando a temperança nas decisões afetivas e a harmonia nos vínculos.

★ **Desarmônicos:** A colisão energética entre esses dois arquétipos (um yin e outro yang) gera dificuldade para compreender o que se busca nos vínculos afetivos. Frequentemente surgem necessidades pouco compatíveis (como no aspecto sexual e no emocional, por exemplo).

Compreender os desejos reais e equilibrar o impulso de tomar o que se necessita com o de ceder serão aspectos de extrema importância para estabelecer relações satisfatórias.

VÊNUS/JÚPITER

★ **Conjunção:** Tradicionalmente, esse aspecto era considerado profundamente benéfico por colocar em interação dois planetas de mesma natureza.

A generosidade e a facilidade para expressar o afeto oferecem popularidade e possibilidades de expansão na vida social.

Podem ser ampliadas as inquietações artísticas, e existe uma tendência inata a querer desfrutar das coisas, com facilidade para obter reconhecimento público.

Deve-se moderar a tendência ao excesso e colocar estrutura para evitar que o hedonismo se transforme em negligência.

★ **Harmônicos:** O otimismo, a generosidade e os traços mencionados criam nos aspectos harmônicos uma interação muito similar à da conjunção, mas com menos riscos de exagero — sempre dependendo da configuração global do mapa, claro.

★ **Desarmônicos:** O excesso é a principal causa de desequilíbrio em uma energia que deve moderar a tendência de buscar o caminho mais fácil sem pensar no futuro.

VÊNUS/SATURNO

★ **Conjunção:** A inibição afetiva é uma das principais características de uma configuração que tende a limitar o próprio prazer em favor das responsabilidades. Essa interação é comum em pessoas que renunciam ao prazer mundano para se dedicar a uma causa vocacional, por exemplo, mas também naquelas que, quando desejam se deixar levar para desfrutar, estão pensando nas obrigações do dia seguinte.

A dificuldade em mostrar afeto e a necessidade de permanecer na zona de conforto consigo mesmo podem dificultar vínculos afetivos que, por outro lado, uma vez estabelecidos, tendem a ser sólidos.

★ **Harmônicos:** A relação entre as obrigações e os prazeres se vê harmonizada. De caráter responsável, o nativo segue o ditado "primeiro a obrigação, depois a devoção", mas de maneira mais flexível do que na conjunção e, claro, nos aspectos desarmônicos.

★ **Desarmônicos:** A expressão espontânea do afeto e a capacidade de desfrutar são disciplinadas por uma energia vinculada à contenção, mas também à repressão. A inibição costuma ser o resultado do medo de se deixar levar e viver desilusões no processo.

VÊNUS/URANO

★ **Conjunção:** Qualquer interação entre esses dois planetas manifesta a necessidade de ser amado com a busca por liberdade pessoal.

Os vínculos sem amarras, relações pouco convencionais, a atração pelo diferente, os namoros repentinos, mas de difícil concretização a longo prazo, ou a confusão entre amor e amizade são manifestações possíveis dessa interação, que faz dialogar o amor e a expressão livre além do convencional.

★ **Harmônicos:** A combinação favorece os vínculos que respeitam o espaço pessoal do outro e confere uma amplitude de pensamento que permite explorar além dos limites impostos.

★ **Desarmônicos:** A rejeição ao compromisso, a intensidade de afetos mutáveis, o radicalismo e a excentricidade são exemplos de uma interação energética que tende a priorizar a novidade e a liberdade pessoal em detrimento da estabilidade.

VÊNUS/NETUNO

★ **Conjunção:** O romantismo é o conceito mais característico em um diálogo que também potencializa a sensibilidade.

A imaginação, a empatia e a sensibilidade artística e espiritual são outras formas de manifestação possíveis dessa combinação, muito inclinada à idealização.

- ★ **Harmônicos:** Sua influência é similar à presente na conjunção, mas com menor intensidade. Os mecanismos de idealização e perda da idealização próprios dessa interação se moderam.
- ★ **Desarmônicos:** A idealização e o romantismo terão que aprender a enfrentar as desilusões que podem surgir quando a realidade se impõe. Torna-se necessário trabalhar o realismo antecipadamente para evitar desenganos.

VÊNUS/PLUTÃO

- ★ **Conjunção:** A intensidade emocional característica da interação tende a se manifestar tanto por vínculos apaixonados e transformadores quanto por aqueles dominados pelo ciúme e pelas lutas de poder. A atração por vínculos tortuosos pode ser um meio de canalizar uma força energética pouco propensa a permanecer na superfície da realidade emocional. Inimiga das relações superficiais e leves, essa combinação também confere uma grande capacidade de regeneração.
- ★ **Harmônicos:** A intensidade das paixões obtém nos aspectos harmônicos uma grande capacidade regeneradora que facilita a transformação por meio da profundidade nos afetos.
- ★ **Desarmônicos:** A compulsão, as crises, o ciúme e as lutas de poder podem ganhar presença nessa interação, que deve atenuar sua intensidade para evitar tendências destrutivas.

ASPECTOS DE MARTE

MARTE/JÚPITER

- ★ **Conjunção:** A capacidade de expressar sem inibições a própria vontade e a facilidade de se lançar na defesa (ou conquista) de causas pessoais são características principais de uma conjunção que incrementa também a iniciativa e a necessidade de atividade.

Confere franqueza, generosidade e coragem, mas também um temperamento incisivo que, em defesa de suas ideias, pode entrar em conflito com opiniões alheias.

★ **Harmônicos:** Suaviza a intensidade da conjunção, o que facilita sua manifestação harmoniosa.

★ **Desarmônicos:** A falta de moderação, a impaciência, a rebeldia, a temeridade e a arrogância costumam se manifestar quando não se tem consciência do próprio mecanismo.

MARTE/SATURNO

★ **Conjunção:** A astrologia tradicional não era auspiciosa quanto ao que o nativo poderia esperar dos dois "maléficos" operando juntos. No entanto, sob a perspectiva evolutiva, essa interpretação está muito afastada dessas considerações. O temor característico de Saturno deve se combinar com o valor próprio de Marte.

A autodisciplina, a capacidade de resistência, a atração pelos desafios nos quais se põe à prova a capacidade de aguentar, os conflitos com a autoridade, o autoritarismo, a autoexigência ou a repressão dos próprios desejos são todas características presentes em uma interação entre dois princípios arquetípicos de naturezas muito distintas.

★ **Harmônicos:** A iniciativa dialoga fluentemente com o princípio da realidade. Há capacidade para concretizar o iniciado.

★ **Desarmônicos:** A vontade individual tende a encontrar obstáculos externos para ser expressada. Isso pode gerar conflitos com a autoridade (às vezes manifestos; outras, latentes), dificuldades relacionadas à gestão da raiva, impaciência ou frustrações derivadas da colisão energética que se produz entre duas energias muito distintas.

MARTE/URANO

★ **Conjunção:** Impaciência, obstinação, precipitação, nervosismo, hiperatividade ou rebeldia são atitudes associadas ao diálogo entre esses dois planetas, uma combinação que anseia pelo movimento e busca ir além dos limites estabelecidos, muitas vezes com veemência. Há tendência à ação e às atitudes rápidas e engenhosas que podem estimular os outros, mas também predisposição para agir por impulso sem pensar nas consequências.

★ **Harmônicos:** Confere capacidade resolutiva e disposição para a ação, e modera a impulsividade presente nas interações desarmônicas.

★ **Desarmônicos:** O nervosismo, a impaciência, a precipitação e a rebeldia são traços comuns em uma interação que fomenta a explosividade presente nas duas energias.

MARTE/NETUNO

★ **Conjunção:** A vontade de levar os próprios ideais à prática, a defesa dos desfavorecidos, a necessidade de lutar por algo que vá além de si, a habilidade para se expressar por meio de atividades artísticas (principalmente se envolvem ação física) ou a passivo-agressividade são formas de manifestação presentes em uma realidade energética que faz interagir o princípio de ação e a vontade individual com os ideais próprios desse arquétipo transpessoal.

★ **Harmônicos:** A luta para alcançar determinado ideal e a capacidade de levá-lo à prática são algumas das manifestações dessa interação, dada sua tendência a colocar sua vontade também a serviço dos outros.

★ **Desarmônicos:** Perder-se em grandes idealizações que não se concretizam, a falta de vontade, a dificuldade para definir os próprios desejos, atitudes passivo-agressivas ou as tendências evasivas e de vícios são meios pelas quais essa interação pode mostrar seu aspecto mais sombrio.

MARTE/PLUTÃO

- ★ **Conjunção:** De grande resistência e fortaleza, essa configuração potencializa o instinto de sobrevivência, a ambição, a vontade e a coragem. Sua manifestação concreta pode abranger desde atitudes combativas que se colocam a serviço de alcançar grandes conquistas até uma competitividade beligerante e destrutiva que ignora as necessidades do restante. Em qualquer caso, será necessário exercer controle sobre os impulsos para que emerja a dimensão mais evoluída dessa interação.
- ★ **Harmônicos:** Em seu diálogo harmônico, a grande intensidade energética é equilibrada, o que facilita a força de vontade e a capacidade regenerativa.
- ★ **Desarmônicos:** O extremismo, a temeridade, a dificuldade de controlar os impulsos ou as dinâmicas de abuso de poder (como perpetrador, mas também como vítima) são situações relacionadas a essa interação que exigirão autocontrole e conscientização.

ASPECTOS DE JÚPITER

JÚPITER/SATURNO

- ★ **Conjunção:** Se Júpiter expande e Saturno limita, encontramos certa contradição entre esses dois princípios, que, no entanto, podem se complementar. A expansão de Júpiter pode ser restringida, mas também estruturada.

  Por isso, o nativo pode adotar atitudes de temor à abundância ou de rigidez e obstinação, mas também uma grande capacidade de gerir os próprios recursos e um pragmatismo maduro que lhe permite agir com sensatez. No caso da conjunção, sua manifestação estará particularmente influenciada pelo conjunto do mapa.
- ★ **Harmônicos:** A expansividade otimista de Júpiter coopera com o princípio de realidade de Saturno, o que facilita a concretização de objetivos quando se age com pragmatismo.

★ **Desarmônicos:** O entusiasmo e a vontade de expandir-se colidem com as estruturas e os limites impostos pela realidade, em uma dinâmica que pode gerar desilusões quando o realismo não foi integrado.

JÚPITER/URANO

★ **Conjunção:** Essa combinação se relaciona com a necessidade de liberdade e a vontade de explorar além do estabelecido. Há tendência a gerar ideias para o futuro ligadas ao progresso e à necessidade de encontrar um sistema de crenças próprio à margem do que está estabelecido. Por isso, são frequentes o idealismo e a perspectiva inovadora que permitem ampliar horizontes.

Que esse idealismo e visão de futuro não impliquem falta de senso prático e caráter errático dependerá, como sempre, do conjunto.

★ **Harmônicos:** Muito semelhante à conjunção, mas a tendência aqui é mais moderada em todos os aspectos.

★ **Desarmônicos:** A rebeldia e a necessidade de seguir os próprios ideais mostram, nos aspectos desarmônicos, maior brusquidão em relação ao ambiente. Abundam o excesso de idealismo, a falta de senso prático e o temperamento errático, que tende a mudar de direção repentinamente.

JÚPITER/NETUNO

★ **Conjunção:** Este contato potencializa o idealismo, a intuição, a imaginação, a espiritualidade, a busca de sentido e as ideias de caráter humanitário que impulsionam os pensamentos que fomentam o bem comum.

Os grandes sonhos podem ser também grandes fantasias de difícil concretização, porque nenhuma das duas influências é amiga dos limites.

★ **Harmônicos:** De natureza similar à conjunção, o diálogo entre os dois arquétipos é aqui mais moderado em todos os sentidos.

- ★ **Desarmônicos:** A falta de senso prático é frequente em uma interação que pode ser propensa às quimeras e às fantasias resultantes de certa perda de contato com a simplicidade.

JÚPITER/PLUTÃO

- ★ **Conjunção:** A necessidade expansiva tende a atuar aqui junto à ambição e à necessidade de transformação para alcançar os objetivos. Há grandes aspirações, determinação e vontade que sabem lidar com as limitações. Essa combinação também traz a confiança própria daqueles que não acreditam no impossível. Será necessário controlar o excesso de ambição e a vontade de obter poder se não quiser agir de forma desonesta, ignorando as necessidades alheias.
- ★ **Harmônicos:** Modera-se a intensidade da conjunção, potencializando assim suas virtudes.
- ★ **Desarmônicos:** A megalomania e o despotismo são riscos associados a uma interação que pode pecar por excesso de ambição se não se tomar consciência da dinâmica do mecanismo.

ASPECTOS DE SATURNO

SATURNO/URANO

- ★ **Conjunção:** Se Saturno anseia por preservar, Urano prefere mudar, portanto, essa dinâmica comporta certa tensão interna. Em geral, na conjunção se aprenderá a incorporar ambas as necessidades. Após vivenciar as tensões internas que implicam a vontade de reforma, ela se concentrará de maneira realista e prática. No entanto, também pode haver dificuldade para integrar as duas naturezas e explorar dinâmicas com necessidades opostas, o que dependerá sempre do conjunto.
- ★ **Harmônicos:** A energia de reforma se combina com a vontade de estruturar em uma interação que confere fluidez entre o princípio de mudança e o de permanência.

- ★ **Desarmônicos:** O nativo se debaterá frequentemente entre uma natureza reformadora, que anseia subverter as estruturas, e uma vontade preservadora, que teme as mudanças. Com frequência, os dois arquétipos se apresentarão de forma cíclica em interação com o ambiente.

SATURNO/NETUNO

- ★ **Conjunção:** Se partirmos do princípio de que Saturno quer delimitar e Netuno dissolver, entenderemos que a interação entre essas duas energias pode manifestar tanto um talento para concretizar ideais ou sonhos quanto uma dificuldade para aterrá-los no mundo material, muitas vezes por falta de realismo ou disciplina. Como vemos, a interação pode mostrar duas tendências opostas que estarão condicionadas pelo conjunto do mapa.
- ★ **Harmônicos:** Confere habilidade para dar uma saída concreta aos ideais e sonhos, e para fazer dialogar a inspiração com o princípio da realidade. Associa-se a um equilíbrio entre o que se fantasia e a capacidade de concretizá-lo.
- ★ **Desarmônicos:** O anseio de escapar da realidade, a dificuldade para integrar o que se sonha no mundo material, a confusão em relação ao caminho vocacional a seguir e a sensação de restrição podem levar a sentimentos de insegurança ou estados de pessimismo, sendo necessário trabalhar a autoconfiança.

SATURNO/PLUTÃO

- ★ **Conjunção:** A vontade transformadora de Plutão interage aqui com a necessidade preservadora de Saturno.

  Esse aspecto confere determinação e resistência para alcançar os próprios objetivos, mas também está associado a certa obsessão por manter a ordem e a conflitos com a autoridade, muitas vezes pela vontade de alimentar o próprio poder pessoal. Será importante moderar a ambição e as atitudes compulsivas que buscam conquistas materiais, assim como compreender que a transformação é tão necessária quanto inevitável quando se trata de alcançar determinados fins.

- ★ **Harmônicos:** Esta combinação confere força de vontade, ambição, confiança, aptidão para a liderança e capacidade de regeneração.
- ★ **Desarmônicos:** Está relacionada a certos medos, às vezes compulsivos, de não alcançar as próprias metas. Pode haver uma profunda desconfiança em relação a qualquer figura de autoridade e medo de perder o que confere segurança e ameaça a situação.

  Afastar-se das responsabilidades, projetar em figuras de poder a causa dos próprios males ou lutar com veemência para perseguir conquistas sem levar em conta os outros são posturas inconscientes de uma energia que, compreendida e trabalhada, tem grande capacidade para superar os obstáculos.

ASPECTOS DE URANO

De natureza transpessoal, esses aspectos marcam longos períodos que, por estarem presentes nos mapas natais de um número considerável de nativos, têm uma influência especialmente significativa no coletivo.

URANO/NETUNO

- ★ **Conjunção:** A interação pode gerar tanto originalidade, disposição humanitária e sensibilidade espiritual quanto idealismo fanático e grandes dificuldades para concretizar utopias. Sua forma concreta dependerá, como sempre, do conjunto do mapa.
- ★ **Harmônicos:** As inclinações espirituais, a sensibilidade para com o coletivo e a vontade de mudar a realidade em benefício de ideias de progresso são conceitos afins à interação.
- ★ **Desarmônicos:** O fanatismo, o escapismo, a falta de pragmatismo e o nervosismo são conceitos associados. A originalidade pode se tornar excentricidade, e a sensibilidade para com o coletivo, apatia. Será necessário enfrentar certas tensões fomentando o pragmatismo.

URANO/PLUTÃO

- ★ **Conjunção:** A vontade de transformação convive em interação com a vontade de reforma e o idealismo. Tal combinação costuma provocar um impulso com tendência a regenerar o contexto para, assim, construir algo novo regido por um ideal. As tendências revolucionárias podem derivar em posturas extremistas, especialmente na defesa do conceito de liberdade.
- ★ **Harmônicos:** O diálogo harmônico entre as duas influências contribui para a capacidade de reforma social ou pessoal, compreendendo que as mudanças são necessárias.
- ★ **Desarmônicos:** O extremismo tende a se manifestar, principalmente se a própria liberdade for vista como ameaçada. Será necessário moderar a hiperreatividade e as atitudes explosivas.

ASPECTOS DE NETUNO E PLUTÃO

De natureza transpessoal, esses aspectos marcam longos períodos de tempo que, por estarem presentes nos mapas natais de um número considerável de nativos, têm uma influência especialmente significativa no coletivo.

NETUNO/PLUTÃO

- ★ **Conjunção:** Devido à lentidão desses planetas, sua influência é marcadamente coletiva. Terá importância em posições muito específicas do mapa individual e fomentará a profundidade espiritual a partir de uma perspectiva que combina o idealismo com a capacidade de regeneração. Frequentemente esse tipo de processo vem acompanhado de sentimentos de crise associados a transformações necessárias nos ideais, sobretudo presentes no âmbito de influência no mapa.
- ★ **Harmônicos:** Facilita a capacidade de se conectar com realidades espirituais profundas e a habilidade de se aprofundar nelas,

transformando o necessário a partir de perspectivas mais transpessoais do que pessoais.

- **Desarmônicos:** A natureza dissolutiva de Netuno e a vontade regeneradora de Plutão, que sente afinidade com a ideia de poder, pode manifestar-se na interação desarmônica como crises internas relacionadas às próprias crenças, a necessidade de transformá-las e a sensação de que há aspectos da realidade que escapam ao próprio controle. Esse aspecto terá importância no mapa individual em determinadas configurações, e, em muitos casos, a interação será de natureza geracional.

CAPÍTULO 7

DEZ CONSELHOS PARA INICIAR A ANÁLISE DE UM MAPA NATAL

– 1 –

Ter certeza sobre a hora do nascimento:

★ Esse dado é importante para acessar com precisão todos os matizes necessários.

– 2 –

Obter uma primeira impressão do conjunto:

★ Em que signos e casas estão as energias?

★ Qual elemento predomina? Qual tem menor presença?

★ Que informações essas características nos fornecem?

– 3 –

Analisar o Ascendente e a disposição das casas:

★ Quais são as características do Ascendente?

★ Em que signo está a cúspide de cada casa?

★ Que informações essas posições nos fornecem?

– 4 –

Explorar cada um dos planetas:

★ Em que signo e casa estão?

★ Qual casa regem?

★ Que informações essas posições nos fornecem?

– 5 –

Examinar as interações entre planetas:

- ★ Quais aspectos ocorrem entre os planetas?
- ★ O que esses diálogos revelam?

– 6 –

As interpretações de cada posição vão muito além do que pode ser condensado em qualquer guia introdutório.

– 7 –

Uma mesma interação pode se manifestar de maneiras muito diferentes e ainda assim manter coerência arquetípica, pois trata-se de uma linguagem simbólica.

– 8 –

Estar aberto à intuição.

– 9 –

Combinar análise e síntese.

– 10 –

Praticar com o próprio mapa e com os de outras pessoas tantas vezes quanto for necessário.

Capítulo 8

REFLEXÕES FINAIS

É MUITO COMPLEXO CONDENSAR EM POUCAS PÁGINAS um conhecimento tão vasto como a astrologia, uma linguagem de aprendizado contínuo que se expande com a observação e a experiência e, naturalmente, com muitas manifestações que não podem ser expostas em uma breve introdução. O objetivo destas páginas foi tentar divulgar, com rigor e concisão, o conhecimento necessário para começar a abordar a análise de um mapa natal a partir de uma perspectiva humanista.

É importante destacar que, embora a astrologia seja uma só, ela é composta internamente de muitas "astrologias", pois os olhares astrológicos têm sido diversos ao longo da história e continuam sendo até hoje. Para mim, isso, longe de ser uma incongruência, enriquece uma perspectiva que já é, por si só, rica.

Com relação às considerações científicas, suas perspectivas também são variadas. Jung menciona em *A dinâmica do inconsciente* que essa linguagem pode estar a caminho de se tornar uma ciência e que não deveria ser classificada como prática adivinhatória. Como mencionei na introdução, o fato de a ciência ainda não ter conseguido explicá-la não significa que não possa fazê-lo no futuro.

De qualquer modo, não acredito que uma linguagem simbólica tão profunda precise ser classificada como ciência, pois nem tudo deve poder ser explicado cientificamente para existir. Se seguíssemos esse dogma, qualquer forma de conhecimento anterior ao domínio do paradigma científico não teria validade alguma — assim como aconteceu sob o dogma religioso, quando apenas o que se encaixava na ideia de Deus era aceito. Os dogmas mudam, mas o conhecimento permanece.

Espero que a leitura deste livro tenha servido como uma porta de entrada para esse universo.

MAPAS ASTRAIS DE CELEBRIDADES

SALVADOR DALÍ

DATA DE NASCIMENTO	11/05/1904
HORA	08h45
PAÍS	Espanha
PROVÍNCIA OU ESTADO	Girona
CIDADE	Figueres

A posição de Saturno no mapa de Dalí em quadratura com sua conjunção Sol/Marte é um indicativo de conflitos com o pai (lembremos que o Sol em um mapa representa o pai do nativo, e a Lua, a mãe), mas também de dificuldades em relação aos irmãos, por estar em quadratura com Mercúrio, regente da Casa III.

PLANETA			CASA
☉ SOL	♉	20°12'49"	XI
☽ LUA	♈	02°28'05"	IX » X
☿ MERCÚRIO	♉	23°28'40"R	XI
♀ VÊNUS	♉	04°35'22"	X
♂ MARTE	♉	25°10'52"	XI
♃ JÚPITER	♈	16°52'15"	X
♄ SATURNO	♒	20°39'40"	VIII
⛢ URANO	♐	29°24'08"R	VI
♆ NETUNO	♋	04°01'22"	XII
♇ PLUTÃO	♊	19°28'47"	XII

CASA I (AC)	♋	22°14'26"
CASA II	♌	11°27'25"
CASA III	♍	04°06'26"
CASA IV	♎	03°10'53"
CASA V	♏	09°57'49"
CASA VI	♐	19°00'18"
CASA VII	♑	22°14'26"
CASA VIII	♒	11°27'25"
CASA IX	♓	04°06'26"
CASA X (MC)	♈	03°10'53"
CASA XI	♉	09°57'49"
CASA XII	♊	19°00'18"

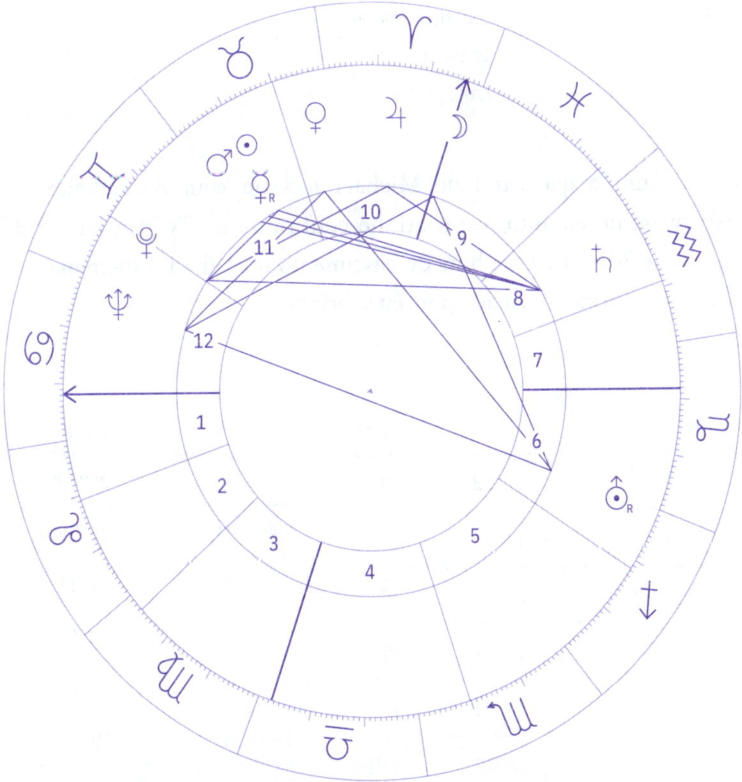

SIGNO SOLAR: Touro
SIGNO LUNAR: Áries
ASCENDENTE: Câncer

MICHAEL JACKSON

DATA DE NASCIMENTO	29/08/1958
HORA	19h33
PAÍS	Estados Unidos
ESTADO	Indiana
CONDADO / CIDADE	Lake / Gary

Circula um mapa astral de Michael Jackson com Ascendente em Escorpião; no entanto, seu sobrinho confirmou no Twitter, em 28 de agosto de 2010, que sua hora de nascimento foi 19h33. Este mapa corresponde à hora informada por seu sobrinho.

PLANETA			CASA
☉ SOL	♍	06°08'	VI
☽ LUA	♓	14°54'	I
☿ MERCÚRIO	♌	25°24'R	VI
♀ VÊNUS	♌	17°04'	VI
♂ MARTE	♉	22°02'	II
♃ JÚPITER	♎	28°32'	VIII
♄ SATURNO	♐	19°07'	IX
♅ URANO	♌	13°30'	VI
♆ NETUNO	♏	02°34'	VIII
♇ PLUTÃO	♍	02°10'	VI

CASA I (AC)	♓	10°06'
CASA II	♈	26°43'
CASA III	♉	26°59'
CASA IV	♊	19°31'
CASA V	♋	10°17'
CASA VI	♌	04°15'
CASA VII	♍	10°06'
CASA VIII	♎	26°43'
CASA IX	♏	26°59'
CASA X (MC)	♐	19°31'
CASA XI	♑	10°17'
CASA XII	♒	04°15'

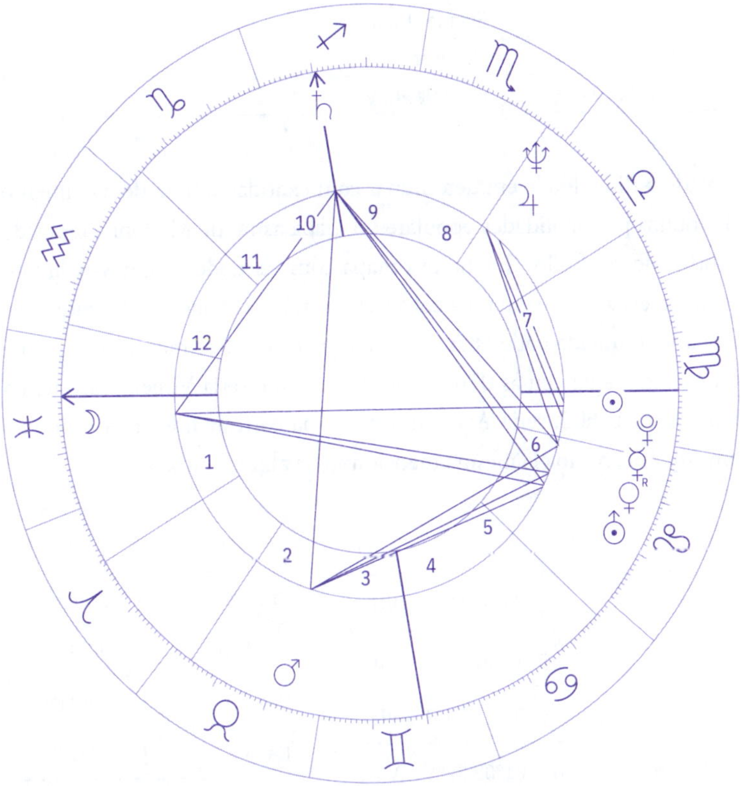

SIGNO SOLAR: Virgem
SIGNO LUNAR: Peixes
ASCENDENTE: Peixes

MADONNA

DATA DE NASCIMENTO	16/08/1958
HORA	19h05
PAÍS	Estados Unidos
ESTADO	Michigan
CONDADO / CIDADE	Bay / Bay City

Devido à dificuldade em determinar com exatidão a hora de nascimento de muitas personalidades populares, o mapa astral de Madonna tem sido motivo de confusão. Circula um mapa com Ascendente em Virgem; no entanto, ela afirmou em uma entrevista na televisão que seu Ascendente é Aquário. A dúvida pode estar na diferença entre o nascimento pela manhã ou à noite: se nasceu às 07h05, seu Ascendente seria Virgem; caso tenha nascido às 19h05, seria Aquário. Este mapa corresponde ao Ascendente em Aquário, como ela mesma mencionou há alguns anos.

	PLANETA			CASA
☉	SOL	♌	23°35'38"	VII
☽	LUA	♍	18°52'36"	VII
☿	MERCÚRIO	♍	05°20'54"R	VII
♀	VÊNUS	♌	01°08'52"	VI
♂	MARTE	♉	15°39'03"	III
♃	JÚPITER	♎	26°28'12"	VIII
♄	SATURNO	♐	19°08'09"R	X
♅	URANO	♌	12°43'31"	VI » VII
♆	NETUNO	♏	02°18'29"	VIII
♇	PLUTÃO	♍	01°44'09"	VII

CASA I (AC)	♒	10°06'
CASA II	♈	26°43'
CASA III	♉	26°59'
CASA IV	♊	19°31'
CASA V	♊	10°17'
CASA VI	♋	04°15'
CASA VII	♌	10°06'
CASA VIII	♎	26°43'
CASA IX	♏	26°59'
CASA X (MC)	♐	19°31'
CASA XI	♐	10°17'
CASA XII	♑	04°15'

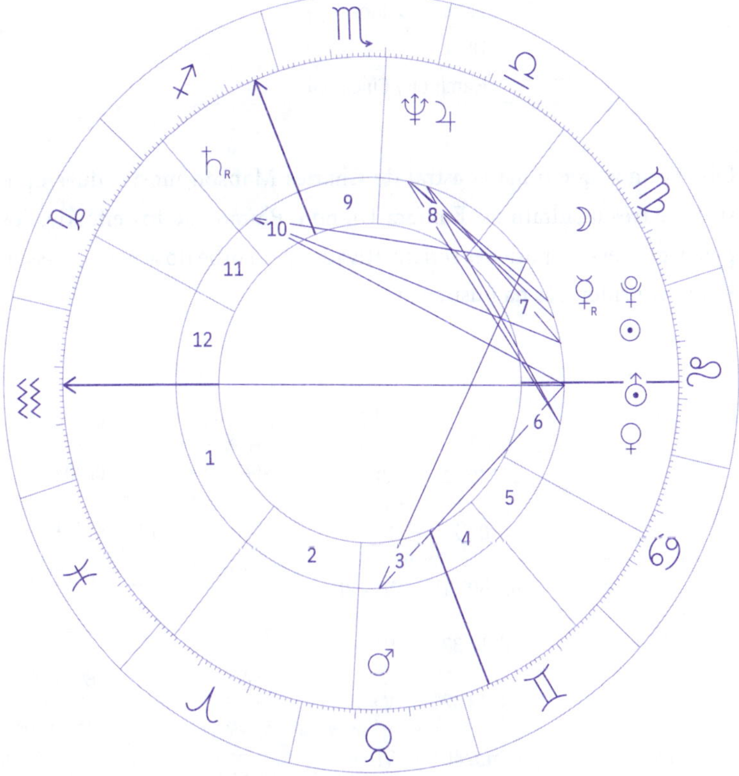

SIGNO SOLAR: Leão
SIGNO LUNAR: Virgem
ASCENDENTE: Aquário

CHARLES MANSON

DATA DE NASCIMENTO	12/11/1934
HORA	16h40
PAÍS	Estados Unidos
ESTADO	Ohio
CONDADO / CIDADE	Hamilton / Cincinnati

Observemos que o mapa astral de Charles Manson mostra duas oposições e três quadraturas. Embora Urano e Plutão não fossem ativados pelo signo, essas oposições seriam ativadas pelo orbe do aspecto, e assim foram consideradas na ilustração.

PLANETA			CASA
☉ SOL	♏	19°49'41"	VII
☽ LUA	♒	04°00'23"	X
☿ MERCÚRIO	♏	02°59'11"	VI » VII
♀ VÊNUS	♏	18°18'32"	VII
♂ MARTE	♍	14°49'32"	V » VI
♃ JÚPITER	♏	07°06'40"	VII
♄ SATURNO	♒	21°45'06"	XI
♅ URANO	♈	28°38'39"R	XII
♆ NETUNO	♍	14°14'48"	V
♇ PLUTÃO	♋	26°01'34"R	IV

CASA I (AC)	♉	05°14'11"
CASA II	♊	06°07'00"
CASA III	♊	28°51'52"
CASA IV	♋	20°12'49"
CASA V	♌	14°46'29"
CASA VI	♍	18°26'50"
CASA VII	♏	05°14'11"
CASA VIII	♐	06°07'00"
CASA IX	♐	28°51'52"
CASA X (MC)	♑	20°12'49"
CASA XI	♒	14°46'29"
CASA XII	♓	18°26'50"

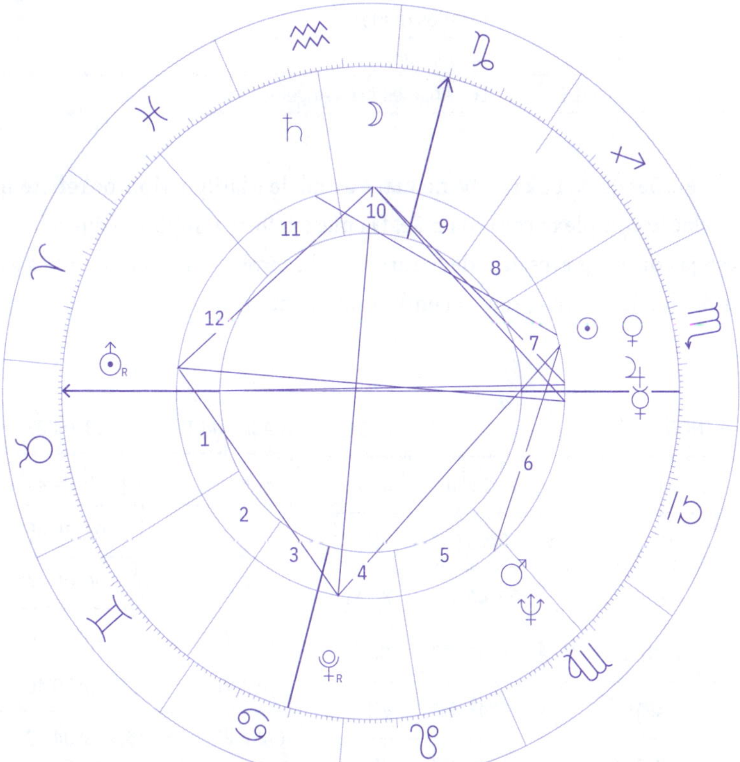

SIGNO SOLAR: Escorpião
SIGNO LUNAR: Aquário
ASCENDENTE: Touro

MARILYN MONROE

DATA DE NASCIMENTO	01/06/1926
HORA	09h30
PAÍS	Estados Unidos
ESTADO	Califórnia
CONDADO / CIDADE	Los Angeles / Los Angeles

As tensões que a Lua recebe no mapa astral de Marilyn Monroe refletem a relação complexa com sua mãe. Da mesma forma, supondo que a hora esteja correta, a presença de Saturno em Escorpião na Casa IV indica as dificuldades afetivas que ela enfrentou na infância.

PLANETA			CASA
☉ SOL	♊	10°26'40"	X » XI
☽ LUA	♒	19°05'54"	VII
☿ MERCÚRIO	♊	06°46'43"	X » XI
♀ VÊNUS	♈	28°45'02"	IX
♂ MARTE	♓	20°43'54"	VIII
♃ JÚPITER	♒	26°49'32"	VII
♄ SATURNO	♏	21°26'30"R	IV
♅ URANO	♓	28°59'41"	VIII
♆ NETUNO	♌	22°13'22"	I
♇ PLUTÃO	♋	13°23'30"	XI » XII

CASA I (AC)	♌	13°04'27"
CASA II	♍	06°08'22"
CASA III	♎	03°40'05"
CASA IV	♏	06°00'34"
CASA V	♐	10°35'18"
CASA VI	♑	13°30'40"
CASA VII	♒	13°04'27"
CASA VIII	♓	06°08'22"
CASA IX	♈	03°40'05"
CASA X (MC)	♉	06°00'34"
CASA XI	♊	10°35'18"
CASA XII	♋	13°30'40"

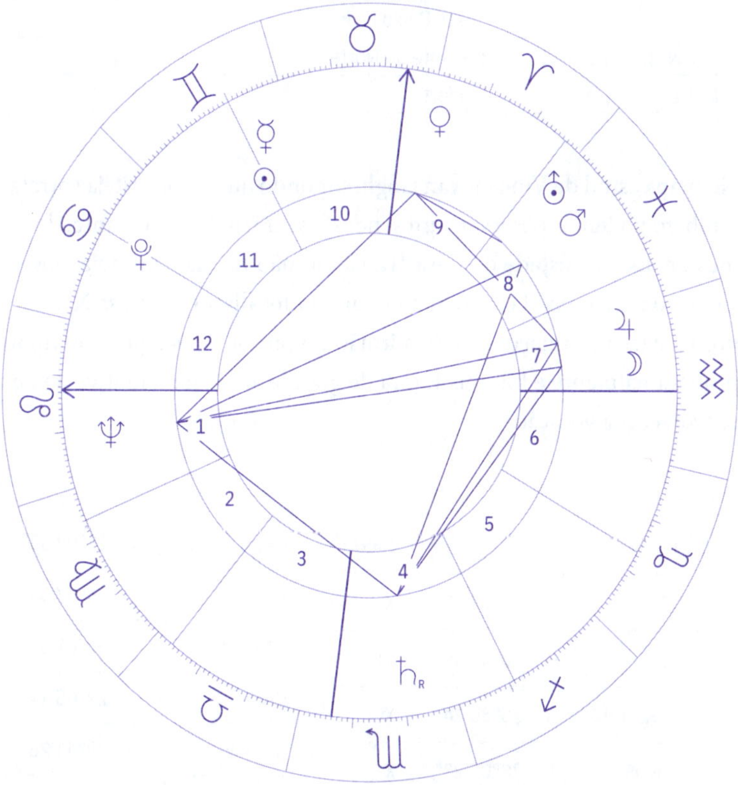

SIGNO SOLAR: Gêmeos

SIGNO LUNAR: Aquário

ASCENDENTE: Leão

VINCENT VAN GOGH

DATA DE NASCIMENTO	30/03/1853
HORA	11h00
PAÍS	Países Baixos
PROVÍNCIA OU ESTADO	Brabante do Norte
CIDADE	Zundert

No mapa astral de Vincent van Gogh, supondo que a hora esteja correta, também podemos observar a presença de seus irmãos. Para tanto, devemos analisar a cúspide da Casa III. Como não há planetas nela, observamos o regente de Leão, o Sol. O Sol está localizado na Casa X, o que nos fornece informações sobre o irmão do pintor, Theo, que o auxiliou profissionalmente e foi uma figura de grande apoio na tentativa de desenvolver sua vocação.

PLANETA			CASA
☉ SOL	♈	09°39'13"	X
☽ LUA	♐	20°43'59"	VI
☿ MERCÚRIO	♈	25°36'24"	X
♀ VÊNUS	♓	28°03'23"	X
♂ MARTE	♓	26°07'36"	X
♃ JÚPITER	♐	24°16'06"	VI
♄ SATURNO	♉	15°57'30"	XI
♅ URANO	♉	06°47'32"	XI
♆ NETUNO	♓	12°13'29"	IX
♇ PLUTÃO	♉	00°45'40"	XI

CASA I (AC)	♋	21°09'33"
CASA II	♌	06°57'04"
CASA III	♌	26°01'59"
CASA IV	♍	22°05'17"
CASA V	♎	29°41'26"
CASA VI	♐	15°02'56"
CASA VII	♑	21°09'33"
CASA VIII	♒	06°57'04"
CASA IX	♒	26°01'59"
CASA X (MC)	♓	22°05'17"
CASA XI	♈	29°41'26"
CASA XII	♊	15°02'56"

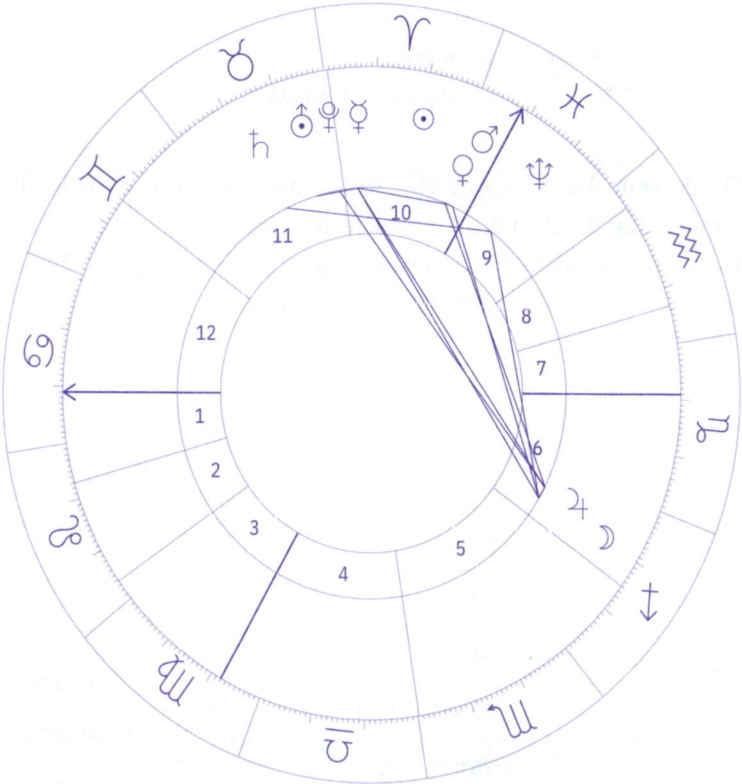

SIGNO SOLAR: Áries
SIGNO LUNAR: Sagitário
ASCENDENTE: Câncer

VIRGINIA WOOLF

DATA DE NASCIMENTO	25/01/1882
HORA	12h15
PAÍS	Reino Unido
PROVÍNCIA OU ESTADO	Inglaterra
CONDADO / CIDADE	Grande Londres / Londres

O regente do Ascendente de Virginia Woolf é Mercúrio, que está localizado na Casa X. Além disso, a cúspide dessa casa também abriga o Sol. Esse posicionamento revela a imagem pública da escritora, que não por acaso se tornou amplamente conhecida por sua obra literária.

PLANETA				CASA
☉	SOL	♒	05°29'29"	IX » X
☽	LUA	♈	25°19'53"	XII
☿	MERCÚRIO	♒	18°03'07"	X
♀	VÊNUS	♑	29°04'41"	IX
♂	MARTE	♊	27°23'58"R	I » II
♃	JÚPITER	♉	16°36'06"	XII
♄	SATURNO	♉	05°52'17"	XII
♅	URANO	♍	18°05'23"R	V
♆	NETUNO	♉	13°46'29"E	XII
♇	PLUTÃO	♉	27°23'27"R	XII

CASA I (AC)	♊	10°32'06"
CASA II	♋	00°20'16"
CASA III	♋	17°14'55"
CASA IV	♌	05°56'54"
CASA V	♍	01°38'22"
CASA VI	♎	14°10'05"
CASA VII	♐	10°32'06"
CASA VIII	♑	00°20'16"
CASA IX	♑	17°14'55"
CASA X (MC)	♒	05°56'54"
CASA XI	♓	01°38'22"
CASA XII	♈	14°10'05"

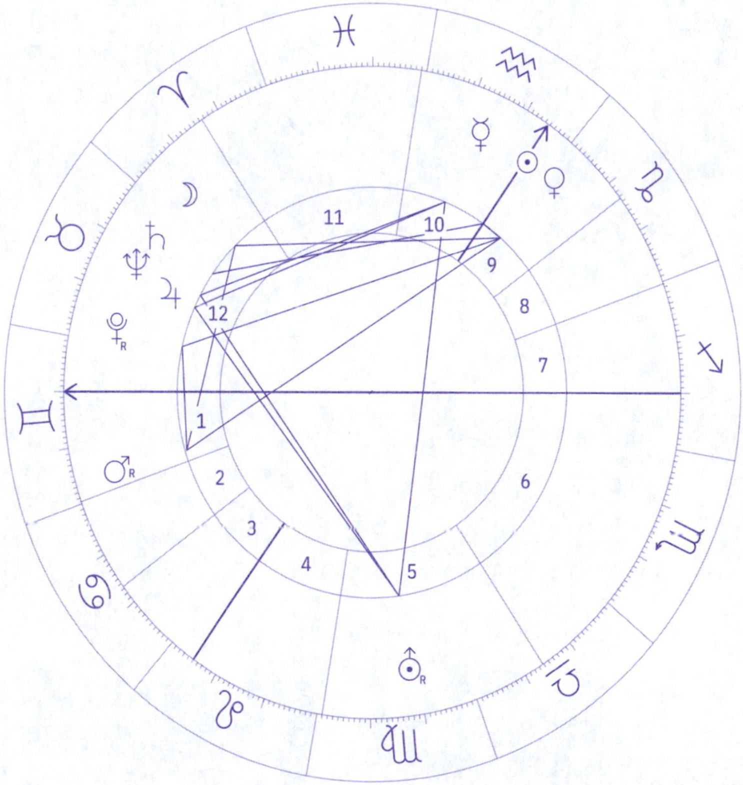

SIGNO SOLAR: Aquário
SIGNO LUGAR: Áries
ASCENDENTE: Gêmeos

REFERÊNCIAS BIBLIOGRÁFICAS

Albubather. **Sobre las natividades**. Barcelona: Edicomunicación, 1986.

Andreu, Teresa. **Astrología y mitología: los mitos que vivimos**. Barcelona: Ediciones Índigo, 2013.

Arroyo, Stephen. **Astrologia, psicologia e os quatro elementos**. Tradução de Maio Miranda. São Paulo: Pensamento, 2013.

Arroyo, Stephen. **Júpiter, un estudio astrológico**. Barcelona: Urano, 1988.

Campbell, Joseph. **O herói de mil faces**. Tradução de Camilo Francisco Ghorayeb e Heráclito Aragão Pinheiro. São Paulo: Palas Athena, 2024.

Carutti, Eugenio. **Ascendentes en astrología**. Buenos Aires: Kier, 2013.

Carutti, Eugenio. **Las lunas: el refugio de la memoria**. Buenos Aires: Kier, 2018.

Cashford, Jules. **La luna**. Vilahur: Atalanta, 2018.

Castelló, Adrià. **El temperamento**. Jerez de la Frontera: Prima Luce, 2019.

Chevalier, Gheerbrant. **Dicionário de símbolos**. Tradução de Vera da Costa, Silva, Raul de Sá Barbosa, Angela Melin e Lúcia Melin. 37. ed. São Paulo: José Olympio, 2020.

Cirlot, Juan Eduardo. **Dicionário de símbolos**. Tradução de Rubens Eduardo Ferreira. São Paulo: Centauro, 2005.

Dumón, Eloy R. **Manual de astrología moderna**. Buenos Aires: Kier, 2013.

García, Marc. **Mitos del cielo estrellado**. Zaragoza: Libros del Innombrable, 2020 (Colección Aleteo de Mercurio).

Goodman, Linda. **Los signos del zodíaco y su carácter**. Barcelona: Kepler, 1968.

Goldschneider, Gary. **El lenguaje secreto de las relaciones**. Barcelona: Destino, 1997.

Green, Jeff. **Plutón: la trayectoria evolutiva del alma**. Madrid: Luis Cárcamo, 1989.

Greene, Liz. **Saturno: o senhor do carma**. São Paulo: Pensamento, 2005.

Greene, Liz. **Neptuno: un estudio astrológico**. Barcelona: Urano, 1997.

Greene, Liz; Sasportas, Howard. **Os planetas interiores**. Tradução de Marcello Borges. São Paulo: Roca, 1995.

Hand, Robert. **Los símbolos del horóscopo**. Barcelona: Urano, 1981.

Haydn, Paul. **Espírito revolucionário: explorando o Urano astrológico**. Tradução de Carmen Youssef. São Paulo: Ágora, 1993 (Coleção Astrologia Contemporânea).

Huber, Bruno; Huber, Louise. **El yo emocional**. Barberà del Vallès: API ediciones, 1995.

Jung, Carl Gustav. **Tipos psicológicos**. Tradução de Lúcia Mathilde Endlich Orth. Obra Completa — v. 6. 7. ed. São Paulo: Vozes, 2013.

Jung, Carl Gustav. **A dinâmica do inconsciente**. Tradução de Mateus Ramalho Rocha. Obra Completa - v. 8/3. 21. ed. São Paulo: Vozes, 2014.

Morpurgo, Lisa. **Introducción a la astrología**. Barcelona: Urano, 1988.

Parker, Julia; Parker, Derek. **Manual completo de astrologia**. Tradução de Margarida Pereira. São Paulo: Círculo do Livro, 1971.

Ramírez, Amalia. **Planetas y dioses**. Madrid: Manakel, 2016.

Sasportas, Howard. **Las doce casas**. Barcelona: Urano, 1997.

Schulman, Martin. **O ascendente: a sua porta kármica**. Tradução de Carmen Youssef. São Paulo: Pensamento, 1998.

Tarnas, Richard. **Cosmos y psique**. Madrid: Ediciones Atalanta, 2006

Tompkins, Sue. **Los aspectos en astrología**. Rubí: Obelisco, 2001.

AGRADECIMENTOS

Obrigado, amigo Francesc. Foi a sua generosidade que começou tudo.

Obrigado, Sandra; obrigado, Eli, pelo caminho percorrido até aqui.

Àngels, ainda lembro daqueles relatos de 2010 como se fosse ontem. Obrigado por tudo ao longo desses anos.

Gostaria de agradecer a tantas pessoas sem relação com o mundo editorial que, em vez de citar nomes, dirijo-me a vocês em grupos.

Família: obrigado por serem quem são. Sinto-me muito afortunado por tê-los.

Amizades da infância, da juventude, da universidade, literárias, astrológicas e gestálticas. Vocês sabem em qual grupo (ou grupos) estão. Obrigado por estarem sempre presentes, inclusive nas eternas reflexões astrológicas, às vezes acompanhadas de um afetuoso ceticismo.

Mestres e mestras, escritos e orais, alguns mencionados na bibliografia, outros que não falam castelhano e muitos que já não estão entre nós.

Todos vocês contribuíram para que isso fosse possível.

SUA OPINIÃO É MUITO IMPORTANTE

Mande um e-mail para **opiniao@vreditoras.com.br**
com o título deste livro no campo "Assunto".

1ª edição, out. 2025

FONTES Quiche Sans Bold 27pt
IBM Plex Sans Condensed Light 18pt
IBM Plex Sans Condensed Regular 9,5/10,5/14pt
IBM Plex Sans Condensed Medium 10,5/12pt
Bely Regular 9/11,5pt

PAPEL Offset 75g/m²

IMPRESSÃO Gráfica Santa Marta

LOTE GSM180825